南京市江宁区民政局
南京市江宁区地名办 规划项目

印记·江宁非遗地名

胡阿祥 吕凡 段彬 编著

南京大学出版社

作者简介

胡阿祥 南京大学历史学院教授、博士生导师，六朝博物馆馆长，天水师范学院『飞天学者』讲座教授

吕 凡 南京市江宁区民政局社会事务科科长，南京市行政区划地名协会理事

段 彬 南京大学历史学院博士研究生

序

欣闻《印记·江宁非遗地名》即将付梓，在此谨表祝贺！该书以丰富翔实的史料，专业严谨的考证，兼顾学术性和普及性，图文并茂地介绍了江宁区非物质文化遗产『江宁老地名』，是对江宁区优秀历史文化传承发展的有力补充，是南京地名文化遗产保护的重要史料。

江宁历史悠久，人文底蕴深厚。自西晋太康二年（二八一）置县，至今已历一千七百余年。若从秦始皇在境内始置秣陵县算起，则有二千二百多年的建置史。境内五十万年前的汤山猿人，是南京人类活动的滥觞；五千年前的湖熟文化，闪现着新石器文化的文明曙光。自秦始置郡县以后，江宁作为南京历史的发祥之地，曾有『天下望县，国中首善之地』的美誉，其数千年累积起来的历史文化，传承不废。而今，江宁这个具有蓬勃新兴活力的南京新城区，也尽显古都的时代风采。

地名是人类社会发展的产物，也是一种重要的文化载体。从本义上讲，地名是人类指称地理实体的代号和标识。但在实际生活中，除了主要的指位功能外，其所蕴含的丰富内涵，也具有文化观念的表征。老地名，正是古往今来的自然景观与人文风貌的形象写照和『活化石』。而作为江宁老地名代表的非遗地名，不仅展现了江宁盛衰沧桑的历史长卷和纷繁绚丽的文化大观，更是从另一个侧面再现了『六朝古都、十朝都会』南京的历史风貌和文明历程。

二〇〇七年七月，联合国第九届地名标准化会议决议确定『地名属于非物质文化遗产』。同年底，南京市将南京老地名纳入市非物质文化遗产名录。二〇〇八年七月一日开始施行的《南京市地名管理条例》明确，对历史地名保护名录中极具历史文化价值的地名，经过一定程序后，形成非物质文化遗产地名保护名录，经报批公布，并确定了重点保护的主要措施。

近年来，在地名文化遗产保护上，江宁做了许多创新工作和有益探索，取得了一定成效。二〇一五年，江宁区出台了《关于加强江宁区历史地名保护工作的意见》，确立了历史地名保护制度；二〇一六年、二〇一七年，江宁区人民政府公布了两批江宁区历史地名保护名录，共有一七六条历史地名列入名录加以保护；二〇一七年，开全国区县之先河，正在积极申报『江宁老地名』为区级非物质文化遗产。同时，还为『南京市千年古镇』树碑，设立历史地名保护标识。现在，《印记·江宁非遗地名》又将出版，江宁的地名文化遗产保护工作全面开花，精彩纷呈。在此，向长期关心支持江宁地名事业的各级领导、专家和同志们致以崇高的敬意！向江宁区地名主管部门和地名工作人员表示衷心的祝贺！

《印记·江宁非遗地名》是有史以来首本专门介绍江宁地名文化的精品书籍，同时也是宣传江宁优秀历史文化的生动教材，具有『存史、资政、教化』的重要作用。希望江宁区地名主管部门再接再厉，深入研究，创新工作，拿出更多弘扬江宁地名文化的优秀作品，为建设『强富美高』新南京做出贡献！

是为序。

雍玉國

二〇一七年十二月十五日

前言：立足世界共识，关注江宁地名

现代生活离不开地名，没有地名，城市乃至乡村的生活将是一片混沌；然而地名又不仅具有实用价值，它也映射着人类社会的过去与现在。地名是人们赋予各个地理实体的专有名称。自古至今，那些曾经使用或正在使用的地名，都是人们约定俗成的、命名的、公认的；反过来，地名又成为人类社会各种信息的载体。如此，站在今天的立场，我们可以认为：地名是当地人的脸、外地人的眼，是鲜活而且广泛的社会现象，是真实而且珍贵的文献资料，是必须保护与传承的、现实价值与学术价值兼具的文化遗产。

单言地名之作为文化遗产，这既是世界各国的共识，也是中国各级政府的实践。

所谓世界的共识，如一九八七年联合国第五届地名标准化会议决议指出：『地名是民族文化遗产』；一九九二年联合国第六届地名标准化会议决议强调：『地名有重要的文化和历史意义，随意改变地名，将造成继承文化和历史传统方面的损失』；二〇〇七年联合国第九届地名标准化会议决议进一步明确：『地名完全属于非物质文化遗产。』

所谓中国的实践，即以近年为例：如二〇一二年七月，民政部印发《全国地名文化遗产保护工作实施方案》的《通知》指出：『地名文化遗产是重要的中华民族文化遗产，是宝贵的文化财富』；二〇一七年一月，中共中央办公厅、国务院办公厅印发《关于实施中华优秀传统文化传承发展工程的意见》，在『重点任务』中提到『保护传承文化遗产』，『推进地名文化遗产保护』。

然则基于上述的世界共识，就笔者参与的南京市、江宁区的相关活动与工作而言，既丰富多彩，也卓有成效。

先例举南京市的相关活动与工作。二〇〇四年一月，『二〇〇二—二〇〇三年度南京十佳新地名』评选结果揭晓：爱涛丽舍、翠岛花城、百里香舍、枫桥雅筑、会贤居、儒林雅居、桃花源居、西城映象花园、云锦美地花园、宏图大厦；二月，『南京十大遗憾消失老地名』评选结果出炉：唱经楼、安乐寺、邀笛步、百猫坊、杏花村、子午路、凤凰台、仁孝里、吉祥街、赤石矶；四月，『南京十佳老地名』最终决出：乌衣巷、朝天宫、桃叶渡、成贤街、龙蟠里、夫子庙、长干里、孝陵卫、莫愁路、虎踞关。在接受《金陵晚报》采访时，笔者分析了『南京十佳老地名』的象征意义与指示作用，如乌衣巷点睛了历史沧桑的南京，龙蟠里、虎踞关写照了地理形胜的南京，桃叶渡、长干里、莫愁路表达了性情浪漫的南京，夫子庙体现了市井百态的南京，成贤街凝聚了人文雅致的南京，朝天宫、孝陵卫彰显了京都大气的南京。至于『南京十佳老地名』的产生时间、地域分布、名实关系，则全面揭示了南京城市的时空发展过程、南京人的怀旧情结与个性追求；这又启示我们：老地名轻易不能废弃，新、老地名要做到和谐一致，老地名应该上升到历史文化遗产的高度予以保护。

巧合的是，正当南京学界、媒体、市民掀起一轮又一轮的地名评选热潮之际，二〇〇四年六月，全国地名标准化技术委员会发布了《关于加强地名文化遗产保护的通知》，南京市行政区划地名协会则是及时跟进，二〇〇六年八月提交了申报『南京老地名』为『江苏省首批非物质文化遗产』项目的文本，及至二〇〇七年十二月，『南京老地名』项目入选『南京市首批非物质文化遗产·民俗类』。

虽然『南京老地名』项目因为评审专家太过拘泥于『归类』问题，最终未能入选江苏省级非遗，其得列入南京市级非遗，仍是意义非凡、反响热烈的一个创举，如新华网报道：『令人耳目一新的是，承载城市历史记忆的「老地名」，首次进入非物质文化遗产行列』；南京社科网评价：『二〇〇七年八月在纽约召开的第九届联合国地名标准化会议正式将地名确定为非物质文化遗产，而我们早在二〇〇六年就创新性地开展了老地名的申遗工作。经过近两年的努力，今年终于首先成功申报为民俗类的市级非物质文化遗产，这一突破性的进展，为完善老地名的保护趟出了一条新路，也为在全国范围内开展地名保护工作起到一定的示范借鉴作用。』

的确，当此『南京老地名』在全国率先成功申遗十周年、至今似乎仍是全国乃至全球唯一的非遗地名项目之际，回顾既往，『南京老地名』的申遗成功，实质扩大了老地名的知名度，切实提升了全社会保护老地名的意识，有力促进了政府职能部门制定详备的老地名保护措施，全面营造了挖掘和弘扬地名文化的工作环境与学术氛围；推而广之，面向未来，我们认为，在中国非物质文化遗产类别中，理应增加『地名文化类』，这既是凸显中华文化特征、完善中国非物质文化遗产类别的创新，也是贯彻二〇一七年一月中共中央办公厅、国务院办公厅《意见》中『推进地名文化遗产保护』的必要举措。

令人欣慰的是，南京市江宁区的诸多活动与工作，又相当程度上延伸、细化与证明了『地名文化』成为社会共识与学术课题，『老地名』作为非遗项目的必要性与紧迫性。如二〇〇一～二〇〇七年期间，出版了《江宁区地图》《江宁城区图》《江宁地图》并多次更新；二〇〇九年，编印出版了六十六万字的《江宁区地名志》；二〇一〇～二〇一六年间，江宁区多个街道落实了『南京市千年古镇』的树碑建亭工作；二〇一六年七月，经过严格筛选、专家评审、社会公示、政府批准等环节，建立了『江宁区第一批历史地名保护名录』（九十九条）；二〇一七年十月，『江宁区第二批历史地名保护名录』（七十七条）发布。

而具体说到本书的缘起，自从『南京老地名』成功申遗以后，江宁区即久有跟进之心。实质性的工作则开始于二〇一六年八月。该月，江宁区民政局会合各方专家聚议，从『江宁区第一批历史地名保护名录』九十九条老地名中，精选出五十条代表性老地名（政区名十四条，聚落名十四条，山水名九条，胜迹名九条，建筑名四条），展开深入细密的研讨；十一月，『江宁老地名』申遗工作团队完成《江宁区非物质文化遗产代表作申报书·江宁老地名》文本一万五千字，附件包括了五十条老地名的释文近四万字、图片近三百幅。及至今年初，受中共中央办公厅、国务院办公厅《意见》『推进地名文化遗产保护』的鼓舞与促动，《印记·江宁非遗地名》得以立项，又经过近一年的努力，终于成书。

笔者有幸，参与了南京市、江宁区上述的诸多活动与工作，并且收获良多，感慨良多。如言老地名的价值，老地名可谓历史记忆、文献资料、文化象征、文明见证、风俗符号、地域特色、乡愁所系、乡恋所在，老地名的背后有感情、有人物、有故事、有观念，所以一旦养成关注老地名的习惯，学术就不会寂寞；如言新地名的命名，基础于对老地名丰富、广泛的价值的认识，多年以来，笔者秉承着尊重历史、照顾习惯、独具特色、彰显资源、新旧兼顾、雅俗共赏等等原则，以规划与命名道路、景点、楼盘名称，而行走在这些城市（如南京、桐城、马鞍山、芜湖、铜陵）里，徜徉在这些地名中（如在南京，笔者主持命名的道路名称，大概不下五六百条），那种『经世致用』的学术自豪感，难免油然而生。再言与吕凡先生、段彬博士合作编著《印记·江宁非遗地名》的收获与感慨，笔者真切地觉得，如果把江宁的历史、地理、文化、风俗等等比作一部厚重的百科全书，那江宁老地名就是构成这部百科全书的长短不一、层次各别的辞条；这成百上千的江宁老地名，又仿佛工笔画一样，绘出了江宁不同历史时期的面貌、不同地域空间的状况、不同社会阶层的生活、不同山川乡镇的丹青。这是老地名绘就的江宁的《清明上河图》，但比《清明上河图》更加丰富与细致；这是老地名绘就的江宁的《康熙南巡图》，但比《康熙南巡图》时间更长、空间更广——由此，笔者更加钟情于这方名实互证、人杰地灵的土地，比如《印记》编著甫毕，笔者即在江宁购房了，成了江宁的新市民……

胡阿祥

二〇一七年十月十八日

目录

壹

政区名

江宁

江宁是南京史上最具影响力的政区名称之一。历为府（郡）、县（区）、镇（乡、街道）三级政区之专名，且数度为南京全域之称。南京的简称『宁』以及江苏省名中的『江』，皆源于斯。历经一千七百余年的流变，江宁现为南京市辖区及区内街道名称。

江宁得名之初，其义甚为低迷。西晋太康元年（二八〇），晋军平吴，废吴都建业为秣陵县，又分秣陵西南境设临江县，县治即在今江宁区江宁街道。次年（二八一），改临江为江宁，以寓『江外无事，宁静于此』之意，即用此名压慑吴都，镇靖江东，是为江宁得名之由。

隋开皇九年（五八九），杨广平陈，建康再遭贬抑。建康、秣陵、同夏、江乘、丹阳、湖熟诸县，俱并入江宁，自此江宁县辖境尽括六朝京畿之地。『昔时地险，实为建业之雄都；今日太平，即是江宁之小邑。』次年（五九〇），县治迁往冶城（今朝天宫一带）。位于西南郊的旧县城，则于北宋景德年间置为江宁镇，历代相沿不废，为南京西南的重要集镇。因地处要路，宋代还置有江宁驿。清代蒋士铨《泊江宁镇》一诗对古镇风光盛赞有加：『三山萦簇拂眉飞，如带春江剩半围。』一九五七年设江宁乡，次年改人民公社。一九八二年恢复为乡，一九八九年改镇。至二〇〇五年，改设江宁街道。

唐五代时期，南京行政建置频繁更迭，县治迁移之后的江宁县，县名亦屡次变更。武德三年（六二〇），占据南京的杜伏威降唐，江宁被改为归化县。武德八年（六二五）改名金陵，次年又改为白下，至贞观九年（六三五）复名江宁。江宁县名维持一百二十余年后，上元二年（七六一）又改称上元县。杨吴天祐十四年（九一七），以上元西南十九乡与当涂县北二乡共二十一乡重置江宁县，辖秦淮河西南地域，与上元县同城而治，并为附郭县，这一格局持续至清末。

除了作为县名、镇名以外，江宁还多次作为郡、府等统县政区之名。唐至德二年（七五七）置江宁郡，此为江宁一名首次用于县级以上政区，次年改为昇州。杨吴武义二年（九二〇）改昇州为金陵府，天祚三年（九三七）再改江宁府，同年十月南唐建国，即以江宁府为都，江宁之名至此无复低迷色彩。杨吴、南唐两代，较之北方的硝烟弥漫、朝代更迭，江南战祸极少，成为一方乐土，民物渐繁。南唐首都江宁府继六朝建康之后，再度成为南方经济文化中心。

宋初平定江南，开宝八年（九七五）江宁府降为昇州，天禧二年（一〇一八）复升为江宁府，建炎三年（一一二九）又改为建康府。此后，南京地区历经建康府（南宋）、建康路（元）、集庆路（元）、应天府（明）等名，至清顺治二年（一六四五）灭南明后，再度更名为江宁府。

清代之更名江宁府，虽是出于贬抑明都应天府的目的，但在鼎革之际，南京未遭兵燹，江宁仍为江南省（及其后江苏省）首府，两江总督、江宁布政使司及江宁织造府皆驻于此，时有『宁省』及『江宁省城』之称，号曰『两江保障』、『三省均衡』，其东南中心之地位并未稍减。康熙、乾隆二帝六次南巡，均莅临江宁府，修建行宫，足见清廷对此江南枢要之地的倚重。康熙六年（一六六七）江南分省，『江苏』之名便得自江宁府与苏州府的首字。

一九一二年，中华民国临时政府建都南京，废江宁府及上元、江宁两县，置南京府。次年废府，仍置江宁县。一九二七年，

江宁自治实验县教育会会员证章

国民政府定都南京，以城区部分设南京特别市，江宁县境退缩为乡郊地区，为京郊第一县。民国二十二年（一九三三）设江宁自治实验县，直属江苏省政府，在民国近代化的历程中，江宁被选为全国县政变革的试点。次年，江宁县治由南京城内迁至东山镇，今天的江宁区至此大体定型。二〇〇〇年末，江宁撤县设区，遂成今制。今日的江宁区，下辖东山、秣陵、汤山、淳化、禄口、江宁、谷里、湖熟、横溪、麒麟十个街道，常住人口约一百二十一万。境内山川钟毓，交通四达，高校林立，是新世纪南京城市化的新兴发展基地。

如今，就政区意义言，江宁已由清代南京全域的称谓，退为南郊一区及西南一街镇之名。然而千余年来依托江宁之名、之实累积起来的历史意蕴仍传承不废，新时代的江宁区作为具有蓬勃活力的南京新城区，亦尽显时代风采，与古都南京之醇厚气质交相辉映、相得益彰。

链接：江宁区历代政区沿革

<table>
<tr><th>时　代</th><th colspan="5">政　区　名</th></tr>
<tr><td>秦、汉</td><td>秣陵县</td><td colspan="2">胡孰（湖熟）县</td><td colspan="2">丹阳（丹杨）县</td></tr>
<tr><td>三国·孙吴</td><td>建业县</td><td colspan="2">湖熟县</td><td colspan="2">丹阳县</td></tr>
<tr><td>西晋（太康元年）</td><td>秣陵县</td><td>湖熟县</td><td>丹阳县</td><td colspan="2">临江县</td></tr>
<tr><td>西晋（太康二年以后）、东晋、刘宋、南齐</td><td>秣陵县</td><td>湖熟县</td><td>丹阳县</td><td colspan="2">江宁县</td></tr>
<tr><td>梁、陈</td><td>秣陵县</td><td>湖熟县</td><td>丹阳县</td><td>江宁县</td><td>同夏县</td></tr>
<tr><td>隋、唐（武德三年以前）</td><td colspan="5">江宁县</td></tr>
<tr><td>唐（武德三年—武德八年）</td><td colspan="5">归化县</td></tr>
<tr><td>唐（武德八年）</td><td colspan="5">金陵县</td></tr>
<tr><td>唐（武德九年—贞观九年）</td><td colspan="5">白下县</td></tr>
<tr><td>唐（贞观九年—上元二年）</td><td colspan="5">江宁县</td></tr>
<tr><td>唐（上元二年以后）、杨吴（天祐十四年以前）</td><td colspan="5">上元县</td></tr>
<tr><td>杨吴、南唐、宋、元、明、清</td><td colspan="2">江宁县</td><td colspan="3">上元县</td></tr>
<tr><td>中华民国（一九一三—一九四九）</td><td colspan="5">江宁县</td></tr>
<tr><td>中华人民共和国（一九四九—二〇〇〇）</td><td colspan="5">江宁县</td></tr>
<tr><td>中华人民共和国（二〇〇〇—　　）</td><td colspan="5">南京市江宁区</td></tr>
</table>

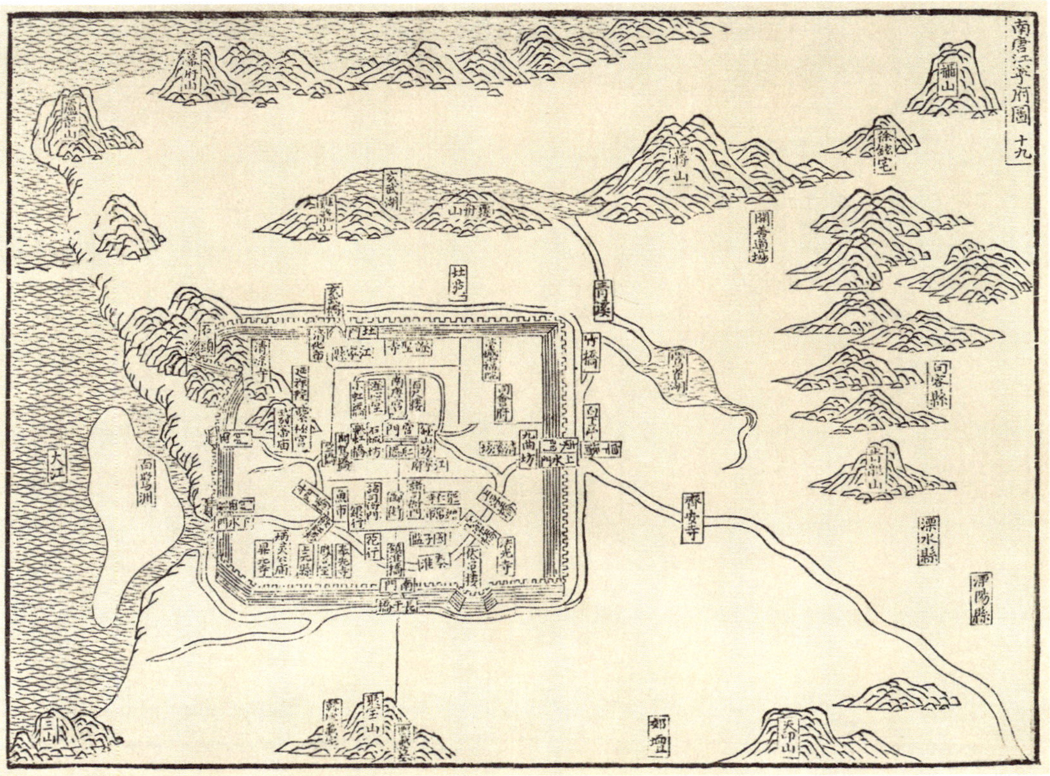

明《金陵古今图考》南唐江宁府图

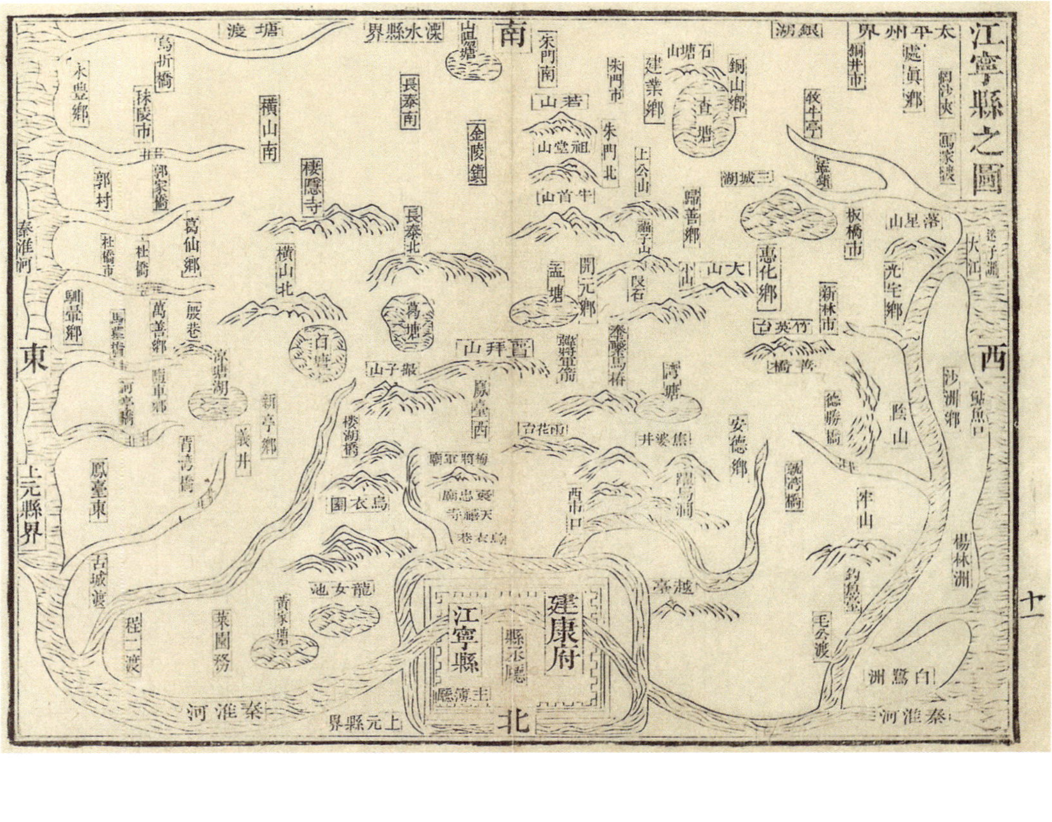

《景定建康志》江宁县之图

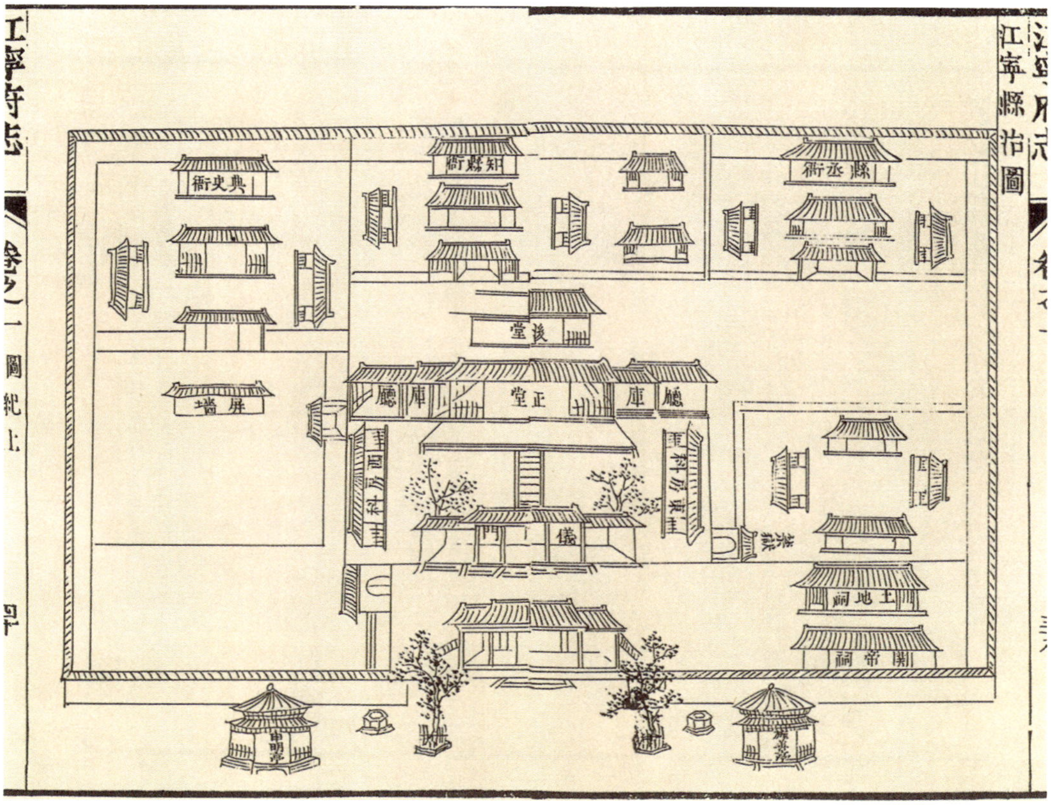

《康熙江宁府志》江宁县治图

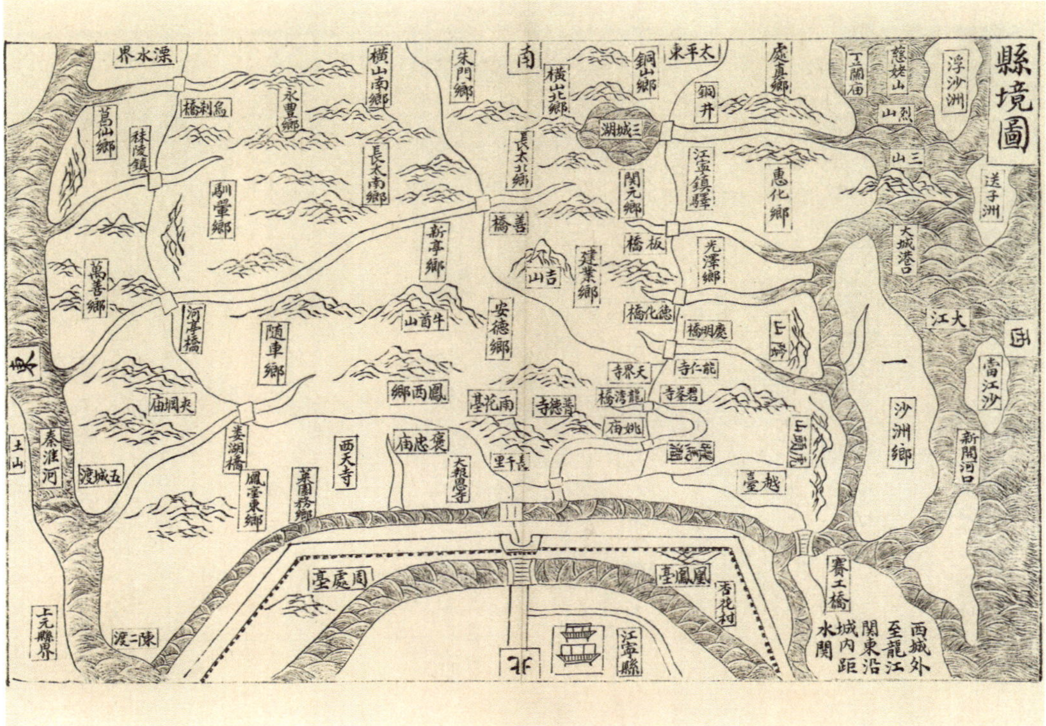

《正德江宁县志》县境图

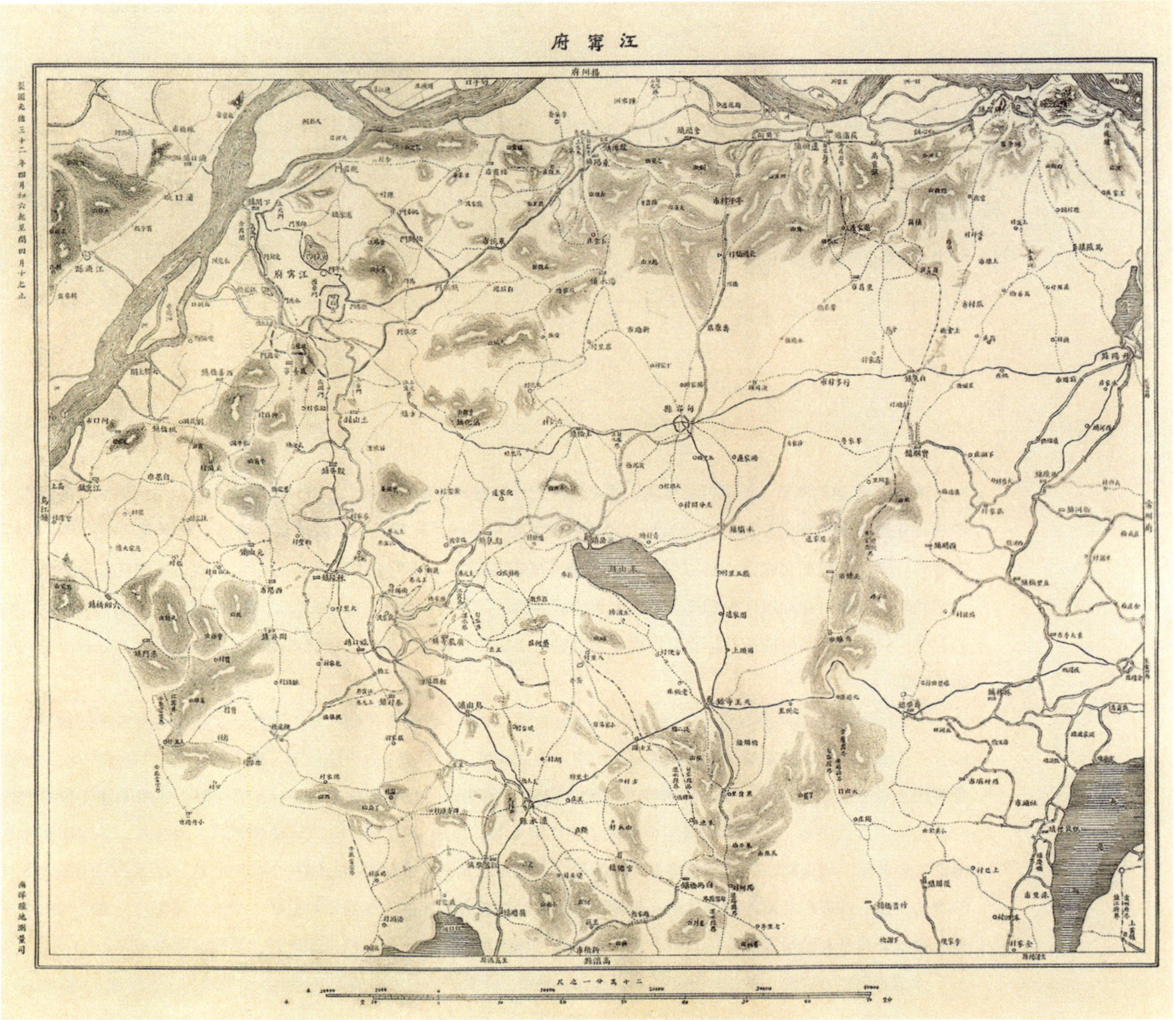

江宁府图（一九〇六年）

印象江宁

『江宁大学城』地名标识

秣陵

秣陵是南京著名的古称。作为县级政区，秣陵县前后历时六百余年。作为江宁所辖乡镇之专名，秣陵镇（今秣陵街道）相沿亦有千载。而作为南京别名之一，秣陵至今仍为思古抒怀之士所津津乐道，常见于诗词曲赋之中。

秣陵一名始于秦代。南宋《景定建康志》对于秣陵具体的得名时间给出了两种说法：一说引《吴志》云，在秦始皇帝三十七年（前二一〇）第五次东巡期间，始皇帝自江乘（在今栖霞区境内）渡江过金陵，『望气者言，五百年后金陵有天子气』，为了泄此『王气』，遂令『掘断连冈，因改名秣陵』；另一说则称，始皇帝二十五年（前二二二）灭楚后，『改金陵邑为秣陵县』。孰是孰非，已难究其详。前人多谓『秣陵』之名含有贬义，盖『秣』为草料，改称秣陵，意为以此地为牧马之所。二〇〇三年胡阿祥重新指出：『秣陵』与秦国号取义近同，『秦』即养马的草谷，秦人祖先以养马得以立国，故定国号为『秦』；『秣』乃牲口的饲料，秣陵自为秦帝国看中的东南形胜。如此，『秣陵』不仅没有贬损之义，反倒深具褒义。

明周天球《入秣陵关》诗扇

西汉元朔元年（前一二八），武帝一度改秣陵县为侯国，封江都王子刘缠为秣陵侯，后复为县。王莽新朝改称宣亭县，东汉复旧名。建安十六年（二一一），孙权将政治中心由京城（今江苏省镇江市）迁至秣陵，次年改名建业，随后在今南京市区一带开始了新的都城建设。长期偏于一隅的秣陵，由此成为孙氏割据江东、三分天下的统治根本。

西晋灭吴后建业复称秣陵县，太康三年（二八二）又分淮水北为建邺，淮水以南仍为秣陵。至东晋南朝立都建康后，秣陵遂成为『京邑二县』之一，历代相沿不变。『牛首开天阙，龙冈抱帝宫。』当时秣陵县境包含了建康城重要的居民区和众多官署、篱门、城垒等城市标志景观，是首都建康的重要组成部分，丹阳郡治也位于秣陵境内。隋开皇九年（五八九）平陈，秣陵县亦随建康城之平毁而废入江宁县。

清陈文述《秣陵集》书影

在秣陵县存在的数百年间，县治多有迁移。楚之金陵邑原在石头山上，意在控扼江防。秦汉秣陵县治则置于今秣陵街道，其地位于秦淮河中游，水陆交通便利，平原开阔，适于农耕开发，较之有利军事防守的石头山，更适宜作为全县中心。孙权建都秣陵并更名建业后，县治北迁至今南京城内，西晋重设秣陵时还迁秦汉旧地。东晋义熙九年（四一三），秣陵县又北迁建康城东南之斗场里，数年后又迁至小长干巷内。总体而言，以今江宁区秣陵街道作为县治的时间最为长久，因此『秣陵』一名在此影响深远，得以相沿至今。

县治迁走后的秣陵旧县，仍为南京南郊重要的聚邑，号称『宁邑东南要隘』。南朝宋永初元年（四二〇）六月，刘裕受禅称帝，奉晋恭帝为零陵王，筑宫于秣陵县故址。晋恭帝在此度过了生命中最后的一载幽禁之期。由于地处交通要道，秣陵故县自赵宋以降皆设秣陵驿、秣陵铺，元代元贞元年（一二九五）

设巡检司，明代置税关，称秣陵关。清人郭贻汾有诗云：『策马秣陵关，回头路几弯。』秣陵还是南京南郊著名的市镇，北宋景德二年（一〇〇五）始设秣陵镇。在宋代诗人杨万里的《蚤起秣陵镇》中，有『人趁村中市，鸡鸣檐上笼』之句，描绘了秣陵早市之繁荣。至清代，秣陵镇号为江宁县三大镇之一。一九五七年建秣陵乡，次年改为人民公社。一九八二年、一九八九年先后复置乡、镇。二〇〇四年改为秣陵街道。

『春归秣陵树，人老建康城。』忆当年，孙吴三分之基业，实肇基于秣陵。及至东晋南朝，淮水两岸高门麇集，多有居于秣陵者，『横塘查下，邑屋隆夸。长干延属，飞甍舛互。』作为都城门户的方山埭、新亭、劳劳亭、国门皆在秣陵县境之内。六朝豪华虽名归建康，秣陵亦有荣焉。上溯秦汉，降至今时，历尽沉潜、繁华、废弃与重生，作为政区地名的秣陵仍以古镇之名存留于今世，并具厚重与常新之意。『六朝春草里，万井落花中。』秣陵之历史归于沧桑，秣陵的今日唯显繁华落尽之平实，其气质恰如吴敬梓诗所云：『一带江城新雨后，杏花深处秣陵关。』

链接：《秣陵怀古三首》　明·刘秩

其一

别家杨柳正依依，回首西风木叶飞。乡梦已随云北散，客心先逐雁南归。

三秋边境仍烽火，九月征衫尚绤衣。莫向穷途叹牢落，料应青眼故人稀。

其二

秣陵风物近如何，兵后登临感慨多。云净石头秋嶂出，月明淮口暮潮过。

离人暗滴青衫泪，商女空怀玉树歌。忽忆旧时骢马客，于今白发老山阿。

其三

酣酒狂歌思欲飘，久从江国驻兰桡。芙蓉隔浦听秋雨，杨柳长亭看晚潮。

过客有时来问字，美人何处觅吹箫。题诗欲写殷勤意，搔首西风雁影遥。

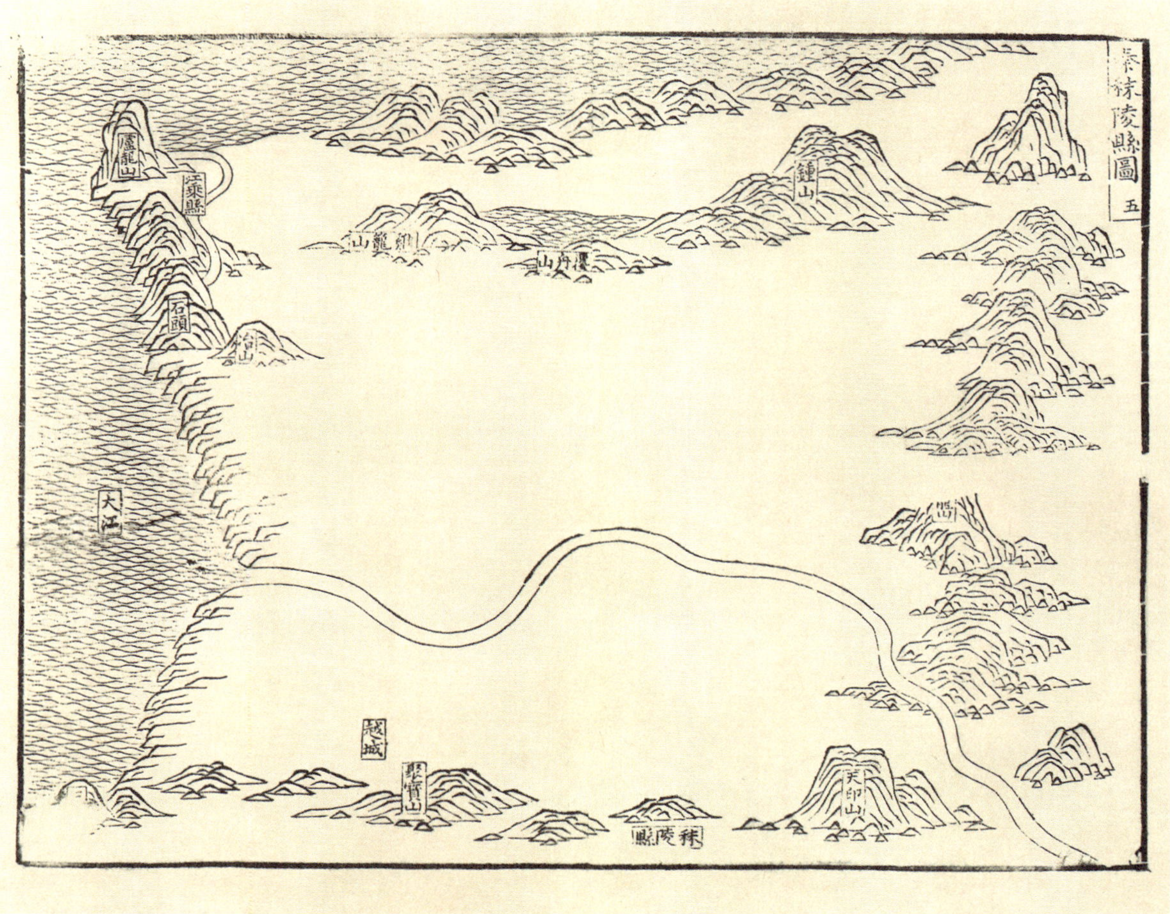

明《金陵古今图考》秦秣陵县图

秣陵杏花村

丹阳

与『江宁』相似，丹阳一名在历史上的实指区域多有变迁，历为郡、县、乡镇三级政区之名。既曾作为南京全域之郡名，也是秦汉旧县、苏皖两省相毗邻的两座古镇之名，以及唐以来丹阳县(市)(六朝之曲阿)的名称。

江宁境内的小丹阳，是今宁镇地区丹阳一名最早的起源地。秦统一六国后，曾在此置丹杨县，属鄣郡。《晋书》称因『丹杨山多赤柳』得名。按丹即赤，杨与柳古人往往不分，即『丹杨』为『赤柳』之异名。又汉唐时代历史文献中亦写作『丹阳』。北宋《太平寰宇记》记载：『绛岩山……本名赤山，丹阳之义出于此。天宝初改为绛岩山』；南宋《景定建康志》引江南《地志》云：『郡国有赭山，其山丹赤』，即『丹阳』得名于『丹为山名，山南为阳，故曰丹阳』。《景定建康志》作者周应合在《辨丹阳》中调和两说，指出：『丹山之有丹杨，则因木取义，宜也；丹杨山之南曰丹阳，因方取义，亦宜也。二字之通，毋庸深辨。』

明《金陵古今图考》汉丹阳郡图

南京出土的孙吴『丹杨郡』砖

『丹阳』一名由县而郡，始于西汉。汉武帝元狩二年（前一二一）或元封二年（前一〇九），改鄣郡为丹阳（杨、扬）郡，郡治初设在宛陵（今安徽省宣城市），辖宛陵、丹阳等十七县，地跨今皖南、苏南西部、浙江西北一带。

东汉建安二十五年（二二〇），孙权将丹阳郡治迁至建业（今南京），后于秦淮南岸修筑了丹阳郡城。西晋太康元年（二八〇）分丹阳郡置宣城郡，丹阳郡境缩小，仅辖今南京市长江以南及附近的马鞍山、芜湖、溧阳、句容一带。东晋与南朝前期，丹阳作为都城所在之郡，号曰『丹阳尹』，比拟汉之京兆尹，其地位雄居全国各郡之首，而丹阳也成为京城的代称之一。如南朝谢朓《休沐重还丹阳道中》诗题中的『丹阳』，即指京城建康。又如北魏杨元慎嘲笑梁将陈庆之曰：『乍至中土，思忆本乡。急手速去，还尔丹阳。』南朝齐梁宗室投奔北朝者，也多被封为『丹阳王』、『丹阳郡开国公』等爵位。

隋开皇九年（五八九）平陈，建康城惨遭荡毁，丹阳郡亦被废。大业三年（六〇七）全国改州为郡，改蒋州（治石头城）为丹阳郡。大业末年天下大乱，隋帝杨广曾命人『治丹杨宫，将徙都之』，因其被弑而未遂。唐朝武德三年（六二〇）改丹阳郡为扬州，九年（六二六）扬州移治江都（今扬州市），于是丹阳不复为南京全境之名。但在文人雅士的怀古作品中，丹阳仍常用于指代南京，如唐代孙逖《丹阳行》、严维《丹阳送韦参军》等，皆取丹阳之故名，吟咏缅怀金陵的往事沧桑。

自汉代以来，因丹阳的郡、县治所不在一地，故俗称丹阳县为『小丹阳』。西汉武帝时丹阳县一度为『丹杨侯国』，以封江都王子刘敢。东汉末年吕范从孙策渡江，『下小丹杨』，即指丹阳县。隋开皇九年（五八九）丹阳县废入溧水县，唐武德三年（六二〇）复置，贞观元年（六二七）再废入当涂县，天宝元年（七四二）又以曲阿县（今丹阳市）为丹阳县，为示区分，民间仍称丹阳旧县为小丹阳。今日之小丹阳，为江宁区横溪街道所属丹阳社区，在江宁区人民政府西南约三十七公里处。主街道呈井字形，地跨苏、皖两省界上，以一巷之分隔为南北两片，南部为马鞍山市博望区丹阳镇，北部即江宁区丹阳社区。

小丹阳全境地处低山、丘陵、平原结合部，镇郊农副产品、山货丰富，其中以稻米、鱼类最多，自古即以米市、鱼市著称。唐代废县之后，小丹阳仍为江南重要的传统集市，据《元丰九域志》记载，北宋时已称丹阳镇。元、明、清、中华民国各代沿之。繁盛的市镇，联系着小丹阳自古以来重要的交通区位。其地控扼襟要，秦代的驰道即达于境内，南京古代的南出口之一『小丹阳路』与今之宁丹公路均以此地为终点，因此小丹阳向有南京南大门之称，自古以来又是兵家必争之地。春秋后期吴楚争霸，曾在这一带作战。东晋苏峻之乱时，叛军『自小丹阳南道步来』。清末太平军与清军在此反复争夺。抗日战争时期，新四军二支队三团曾取得『小丹阳战斗』的胜利，进驻本镇。

江苏小丹阳牌坊

两千年的文化积淀，使得小丹阳的名胜与逸闻颇多，堪称钟灵毓秀，人杰地灵。诗仙李白曾赞颂『放歌丹阳湖』的隐士周惟长，盛赞其地『水色傲溟渤，川光秀菰蒲』。在小丹阳境内，北有始建于元代的园林庵，是当时南京地区著名的道教建筑。东南的东河上旧有古青石拱桥，工艺精细，气势磅礴。境内的七仙山为中国四大民间故事中『董永和七仙女』的发源地和流传地之一。境内的小甘村还是金陵世族甘氏的祖居地，旧有甘氏宗祠，东晋镇南大将军甘卓、清代史学家兼藏书家甘熙等历史名人皆出此族。

链接：汉魏六朝丹阳郡辖县变迁

年　代	丹阳郡所辖 县/侯国/典农都尉
西汉元始二年(二)	宛陵、於朁、江乘、春谷、秣陵、故鄣、句容、泾、丹阳、石城、胡孰、陵阳、芜湖、黝、溧阳、歙、宣城
东汉永和五年(一四〇)	宛陵、溧阳、丹阳、故鄣、於潜、泾、歙、黝、陵阳、芜湖、秣陵、湖熟、句容、江乘、春谷、石城
孙吴天纪四年(二八〇)	建业、丹杨、芜湖、宛陵、宣城、陵阳、石城、春谷、泾、溧阳、永平、句容、安吴、宁国、广德、怀安、临城、江乘典农都尉、湖熟典农都尉、溧阳屯田都尉
西晋太康三年(二八二)	建邺、秣陵、江宁、丹杨、于湖、芜湖、永世、溧阳、句容、湖熟、江乘
东晋义熙十四年(四一八)	建康、秣陵、江宁、丹杨、永世、溧阳、湖熟、句容
刘宋大明八年(四六四)	建康、秣陵、江宁、丹杨、永世、溧阳、湖熟、句容
南齐建武四年(四九七)	建康、秣陵、江宁、丹阳、永世、溧阳、湖熟、句容
梁中大同元年(五四六)	建康、秣陵、江宁、丹阳、永世、溧阳、句容
陈祯明二年(五八八)	建康、秣陵、江宁、丹阳、永世、溧阳、句容

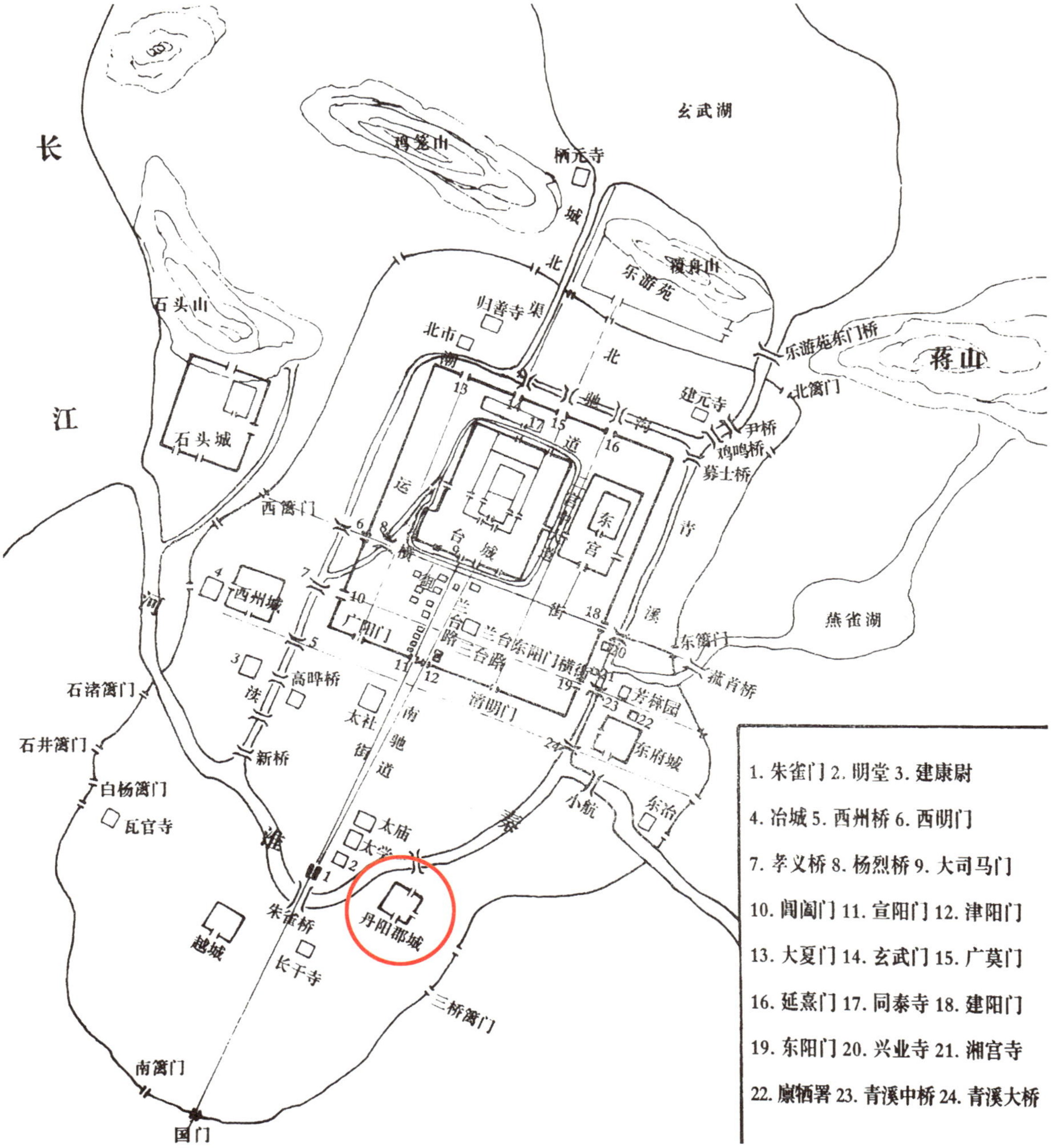
玄武湖
长
江
鸡笼山
栖玄寺
城
覆舟山
乐游苑
北
渠
归善寺
北市
石头山
石头城
乐游苑东门桥
蒋山
北篱门
建元寺
尹桥
鸡鸣桥
募士桥
北
驰
道
沟
运
渎
台
城
东
宫
西篱门
横
御
街
青
溪
燕雀湖
西州城
广阳门
兰台
台
路
兰台东阳门横街
三台路
东篱门
河
高晔桥
石渚篱门
淮
清明门
芳林园
东府城
太社
南
驰
街
道
石井篱门
新桥
白杨篱门
瓦官寺
太庙
太学
小航
东冶
秦
淮
朱雀桥
丹阳郡城
越城
长干寺
三桥篱门
南篱门
国门
1. 朱雀门 2. 明堂 3. 建康尉
4. 冶城 5. 西州桥 6. 西明门
7. 孝义桥 8. 杨烈桥 9. 大司马门
10. 闾阖门 11. 宣阳门 12. 津阳门
13. 大夏门 14. 玄武门 15. 广莫门
16. 延熹门 17. 同泰寺 18. 建阳门
19. 东阳门 20. 兴业寺 21. 湘宫寺
22. 廪牺署 23. 青溪中桥 24. 青溪大桥

南朝丹阳郡城所在位置

湖熟

湖熟街道位于南京市江宁区人民政府东南约十七公里处，跨秦淮河上游句容河两岸。湖熟人文历史之悠久，堪称江宁之最。远在新石器时代，湖熟地区优越的自然条件便孕育了著名的『湖熟文化』。该文化遗址于一九五一年首次在湖熟镇发现，因而得名。一九五九年，南京博物院学者尹焕章、曾昭燏发表文章，确认了湖熟文化的范围。据考古发掘可知，湖熟先民们大多生活在河湖沿岸的土墩山丘上，人口分布已较为稠密，最具特色的工具是印纹陶的使用，并已具有了青铜铸造技术。湖熟文化代表了距今四至五千年宁镇地区的最高文明，是江宁乃至南京的一束文明曙光。江宁先民们胼手胝足，正是在此地开启了筚路蓝缕的文明之路。

西汉武帝元朔元年（前一二八），置胡孰侯国，以封江都易王子刘胥行。据考古调查可知，西汉胡孰城址在今湖熟东北部。至于胡孰一名的由来，则史无详载。民间相传因地近刘阳湖、物产丰饶得名，此说不确。因为『胡』加三点水与『孰』加火字底，皆为后来之事。综合江南地名文化层的一般情况，『胡孰』当为吴越语地名的华夏文字记音，与『姑苏』、『姑孰』、

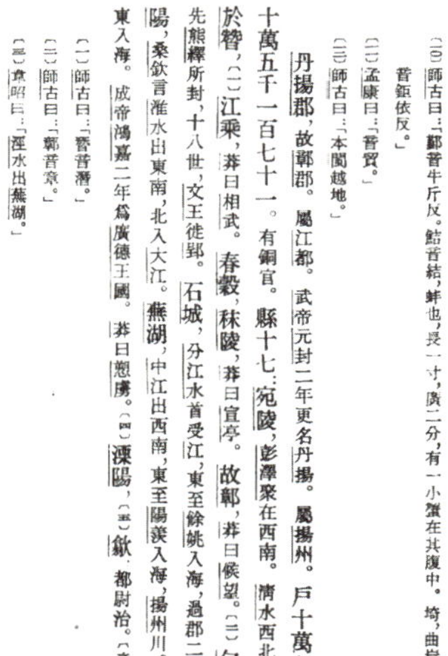
漢書卷二十八上　一五九二

〔九〕孟康曰：「杭音行伍之行。」
〔一〇〕師古曰：「鄞音牛斤反。鮚音結，蚌也，長一寸，廣二分，有一小蟹在其腹中。埼，曲岸也，其中多鮚，故以名亭。埼音鉅依反。」
〔一一〕孟康曰：「音貿。」
〔一二〕師古曰：「本閩越地。」

丹揚郡，故鄣郡。屬江都。武帝元封二年更名丹揚。屬揚州。戶十萬七千五百四十一，口四十萬五千一百七十一。有銅官。縣十七：宛陵，彭澤聚在西南。清水西北至蕪湖入江。莽曰無宛。於朁，〔一〕江乘，莽曰相武。春穀，秣陵，莽曰宣亭。故鄣，莽曰候望。〔二〕句容，涇，〔三〕丹陽，楚之先熊繹所封，十八世，文王徙郢。石城，分江水首受江，東至餘姚入海，過郡二，行千二百里。胡孰，陵陽，桑欽言淮水出東南，北入大江。蕪湖，中江出西南，東至陽羨入海，揚州川。黝，漸江水出南蠻夷中，東入海。成帝鴻嘉二年為廣德王國。莽曰愬虜。〔四〕溧陽，〔五〕歙，都尉治。〔六〕宣城。

〔一〕師古曰：「朁音潛。」
〔二〕師古曰：「鄣音章。」
〔三〕韋昭曰：「涇水出蕪湖。」

《汉书·地理志》中记载的『胡孰』

『无锡』、『句容』类似，其确切含义不详。又据《续汉书·郡国志》，胡孰已改称为湖熟，但据湖熟出土的东汉朱建家族墓文物可知，『胡孰』之写法在东汉时仍存。孙吴时期改湖熟为典农都尉，西晋太康元年（二八〇）复为湖熟县，南朝历代沿之。

隋朝平陈之后，湖熟等县皆废入江宁。及至上元、江宁二县分治，湖熟地域长期属上元县，并在此后的千余年间，仍为重要的商贸集市。宋代称作湖熟市，地属丹阳乡。明朝建立后，湖熟更趋繁荣，镇区范围由原句容河北岸迅速扩展至南岸，跨河为市，商业、手工业繁盛一时，遂称湖熟镇。清代，湖熟为上元县五大镇之一。民国建立后，上、江两县合并，湖熟又成为江宁县所属最大的镇，人口一万有余。建国后并置湖熟乡与湖熟镇，一九五八年改为人民公社，一九六一年恢复湖熟镇，一九八三年并乡入镇。其后龙都、周岗二镇陆续并入。二〇〇七年改设为湖熟街道。

湖熟面赤山，滨秦淮，地扼襟要，曾是历代兵家必争之地。汉末孙策渡江攻下湖熟后，命吕范在此驻兵镇守。周瑜征笮融时也在此激战。东晋咸康三年（三三七），『毛宝以苏峻之乱，烧湖熟积聚。』清咸丰年间，太平军与清军在此拉锯争夺。

除了战略地位显著之外，湖熟地属秦淮河平原，向以农业发达著称。孙吴时设典农都尉，在此大力屯田。东晋时皇室贵族的大批脂泽田分布于此。南朝宋元嘉年间（四二四—四五三）疏浚秦淮河，又垦田四千顷。以此，湖熟镇郊历来是江宁重要的产粮地之一。『往昔争言青门瓜，如今独数湖熟菜。』明亡之后，名将常遇春之十二世孙怀远侯常延龄『义不食周粟』，隐居湖熟，种菜为生，砥砺气节，甘守清贫。钱秉镫与郑板桥先后写就《湖熟种菜歌》与《种菜歌》、《后种菜歌》等诗作以歌颂之。湖熟也是江宁、句容、溧水三县的农副产品交换中心，商肆兴旺。民国初年，湖熟仅粮行就有百余家，久负『小南京』之盛名。

湖熟老街

古镇湖熟人杰地灵，人文景观众多。旧时曾有秦淮古渡、赤峰晴雪、香林晚钟、太湖秋雁、梁台映月、秦淮渔笛、古城春色、孤灯夜照之『湖熟八景』。又据清《同治上江两县志》，镇东街曾有崇仁观、万寿观等道教建筑，又有珠峰寺，为古之社坛。始建于明嘉靖年间、重建于清光绪时的清真寺至今犹存。民国时期，江宁县第一所实验小学即诞生于湖熟。查诸史志，湖熟名人众多，仅现代就有报业大王史量才、医学泰斗张栋梁、丹青大师董佰、著名作家聂震宁等。五千年文明开化之地，今载名镇富庶之区，湖熟这一古老的地名，将与其物华天宝的沃土同光。

链接：『湖熟文化』的发现与命名

『湖熟文化』的发现和命名，两个人的功劳不可埋没。一位是湖熟镇居民钱立三先生，一位是考古专家曾昭燏先生。

钱立三，江苏句容赤岸村人。上海大夏大学肄业后随父经商，但对考古很有兴趣，在湖熟镇开设一家『源和』酒店。闲暇时在梁台等土丘的断层中捡些石器、陶片、箭镞等古物自我玩赏。一九四九年冬，钱立三去南京参观《从猿到人》展览，对自己促进很大。次年，他把自己在湖熟的收藏品带到南京博物院请专家鉴别，当即引起重视。

一九五一年春，曾国藩大弟曾国潢长曾孙女、南京博物院院长曾昭燏亲率考古小分队到湖熟镇实地考察。在尹焕章先生的主持下沿湖熟镇秦淮河两岸试掘、勘查，仅在此地就发现十五处遗址，当时尚未掌握其文化性质，统称『史前遗址』。后经考古专家们反复比较论证，认为老鼠墩出土的文物，是具有地方性特征的文化遗存，因此命名为『湖熟文化』，亦称此类文化遗址为『台型遗址』。

湖熟菊花园

湖熟撤镇设街道授牌授章仪式

上元

上元为南京古代县级政区名。唐代中后期，一度是南京全域之名称。作为南京的附郭县，上元县历时达千年之久，其影响不可谓不深。

南京旧为六朝故都，隋唐时期，南京的政治地位备受打压，不仅取消州治多年，长期划属润州（治今江苏省镇江市），县名也在归化、金陵、白下、江宁之间屡次更改。唐上元二年（七六一），以当时的年号为名，改江宁县为上元县，此后直至唐亡，县名再无变化。据北宋乐史《太平寰宇记》云：『上元二年，以童谣之言改为上元县』，唯『童谣之言』具体所指，并不清楚。唐代诗人韦庄曾作七律《上元县》：『南朝三十六英雄，角逐兴亡尽此中。有国有家皆是梦，为龙为虎亦成空。残花旧宅悲江令，落日青山吊谢公。止竟霸图何物在，石麟无主卧秋风。』堂堂六代帝都之建康，与秋风蔓草之上元县，无论在景象上还是政区级

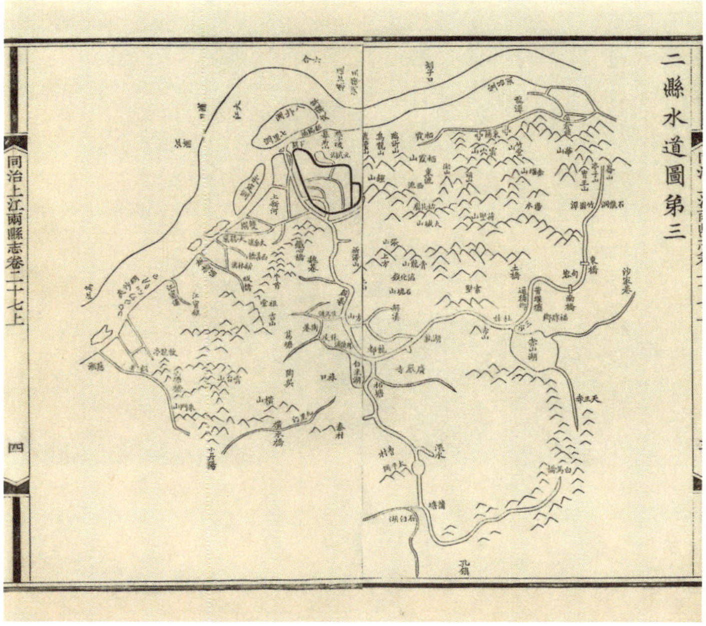

《同治上江两县志》二县水道图

别上，皆有极大反差，道尽了『人间正道是沧桑』的悲情意味。

进入五代十国后，南京作为杨吴西都、南唐都城，重筑城郭，一扫隋唐以来的孤寂，再次成为东南一方重镇。杨吴天祐十四年（九一七），分上元县西南部置江宁县，以秦淮河（今内秦淮河）为界，河北为上元，河南为江宁，同属昇州管辖，同城而治。此后『上江两县』共同作为南京的附郭县，维持了近千年的并存格局。宋朝以降，随着政区调整，上元县先后属江宁府（北宋）、建康府（南宋）、集庆路（元）、应天府（明）、江宁府（清）管辖。太平天国时期，一度改上元县为尚元县，属天京省江宁郡。一九一二年中华民国初建，废江宁府及上元、江宁二县，以二县之地置南京府，以为国都。次年，撤销南京府，改置江宁县，以上元之地并入江宁。上元县之建置，至此撤废。

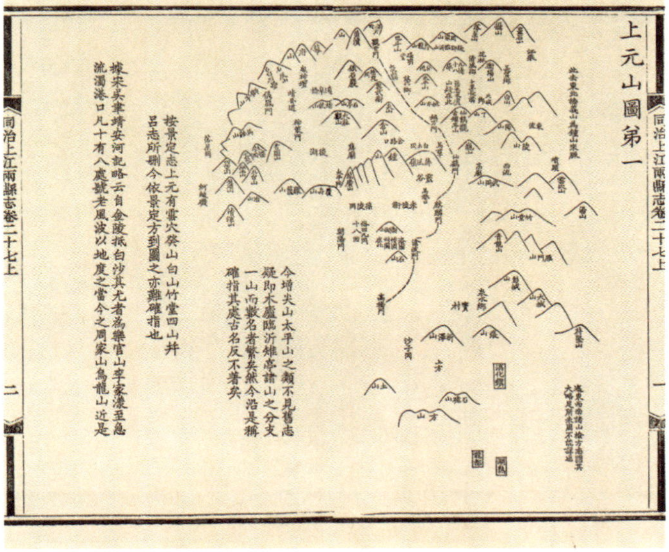

《同治上江两县志》上元山图

据历代方志，宋代上元县共辖三镇十八乡五十二里；元代增为四镇；明清相当长的时期内，辖十八乡一百五十里；太平天国战争结束后，改为七区十七乡。明清时期的上、江二县大体仍以秦淮河为界，从今溧水乌刹桥至秦淮河入江口，河东为上元县，河西为江宁县；城内仍以秦淮内河附近的三山街一线为界，河北为上元县，河南为江宁县。另外，今机场村至泥塘北一带虽在河东，但属江宁县飞地；铜山至曹村一带，则为上元县飞地。具体来说，明代的南京紫禁城、六部衙门、五军都督府、大祀坛、后湖黄册库、孝陵、朝天宫、南京国子监、应天府署、钟楼、鼓楼等重要建筑皆位于上元县境内，故在南京作为都城的年代里，上元县可谓是全国的首善之区。

时至今日，上元建置撤废已百余年，但作为长期延续的重要行政区域，上元在南京市区及江宁境内留下了诸多的历史遗迹与地名。其中最重要的文物遗存当属明清时期的上元县衙。该县衙位于今秦淮区白下路一〇一号，历经岁月流转，今存一座清同治年间重建的正堂，硬山顶，三门六柱，前出抱厦，是南京地区目前仅存的县署建筑，现为市级文保单位。民国初年，已被废弃的上元县衙曾被黄兴夫人徐宗汉用于开设南京贫儿教养院，后又用作民国首都地方法院的办公场所。汪伪时期，这里一度作为南京市立第一中学的校址。中华人民共和国成立后，上元县衙划拨南京市公安局刑警支队使用。

除此之外，明代南京外郭城的十八座城门中，有一门位于城西北侧的幕府山西麓，名曰上元门。二〇一四年开通的南京地铁三号线中，亦有上元门站。在今江宁区东山街道的核心地带，上元大街是一条非常繁华的商业街区。江宁区内还有上元小学、上元中学、上元路等一系列地物地名，它们共同延续着『上元』一名的往日记忆，历久弥新。

链接：唐朝的『上元』年号与『上元』县名

中国古代的年号，在同一朝代中鲜有重复使用的情况。但是唐朝曾两次使用『上元』年号，第一次是高宗李治年间（六七四年八月－六七六年十一月），第二次是肃宗李亨年间（七六〇年闰四月－七六一年九月），其中南京的『上元县』得名于后者。据《旧唐书》记载，肃宗改元上元的契机，是『以星文变异』。按古代中国纪元往往与政治合法性紧密相关，正当安史之乱登基的唐肃宗，采用曾祖高宗的上元年号，蕴含了重造李唐天命、构建自身统治合法性的政治意味，具有革故鼎新的意图。

又《南京历代名号》（南京出版社，二〇一六年版）一书认为：『上元作为国[年]号，其中有何寓意呢？在中国传统的节日中，正月十五元宵节，又称上元节。……上元节（元宵节）是阖家团圆的日子，「上元」二字可能含有「阖家团圆，国家统一」之意。唐王朝将江宁县改名为上元县，体现了中原王朝对江南这座龙盘虎踞旧都时时刻刻都给予极大的关注。』按此说猜测的色彩较重，缺乏史料依据。

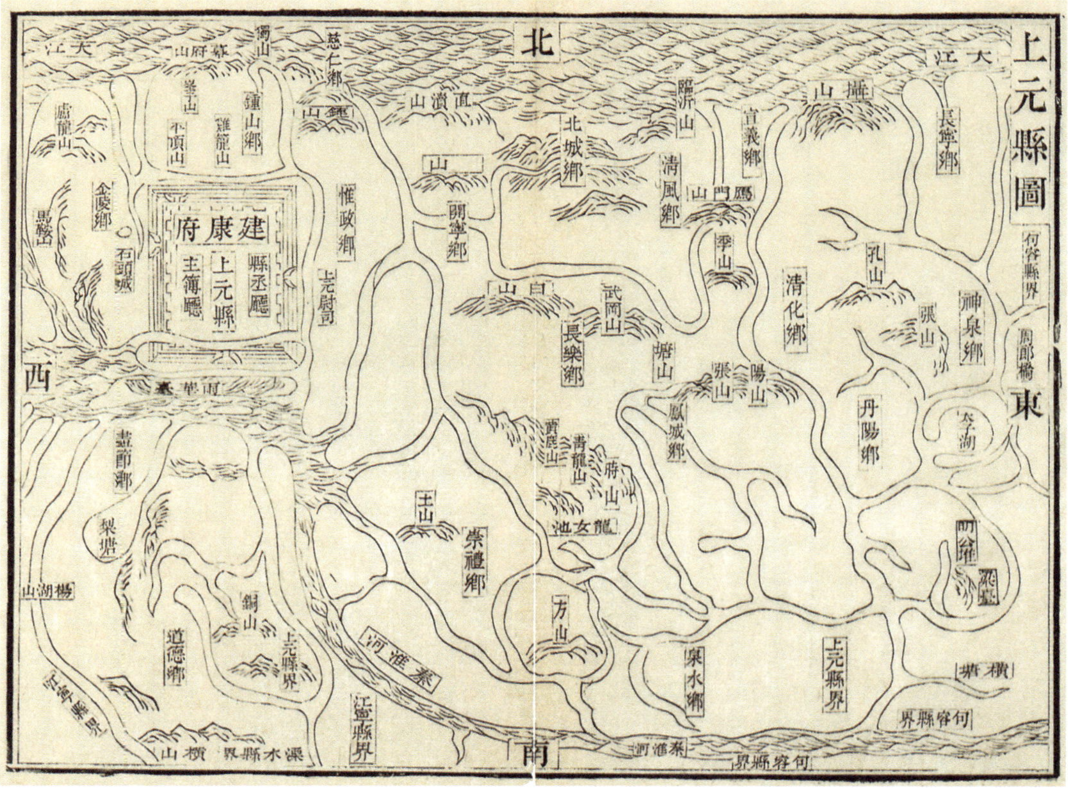

《景定建康志》上元县图

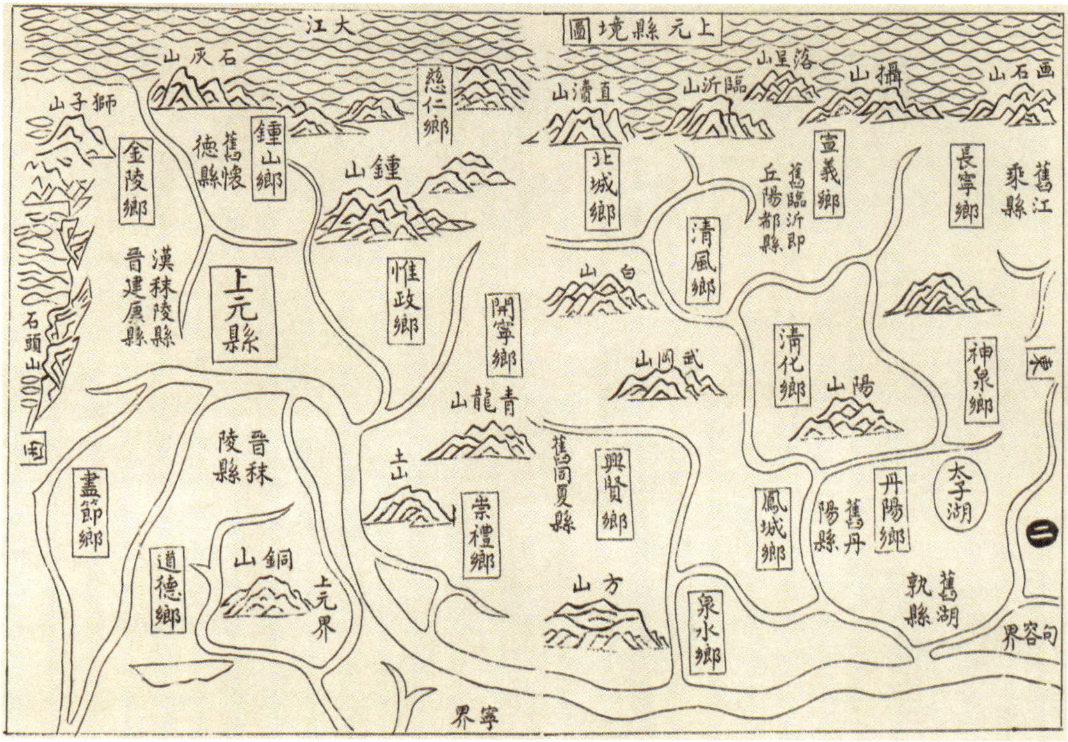

《万历上元县志》上元县境图

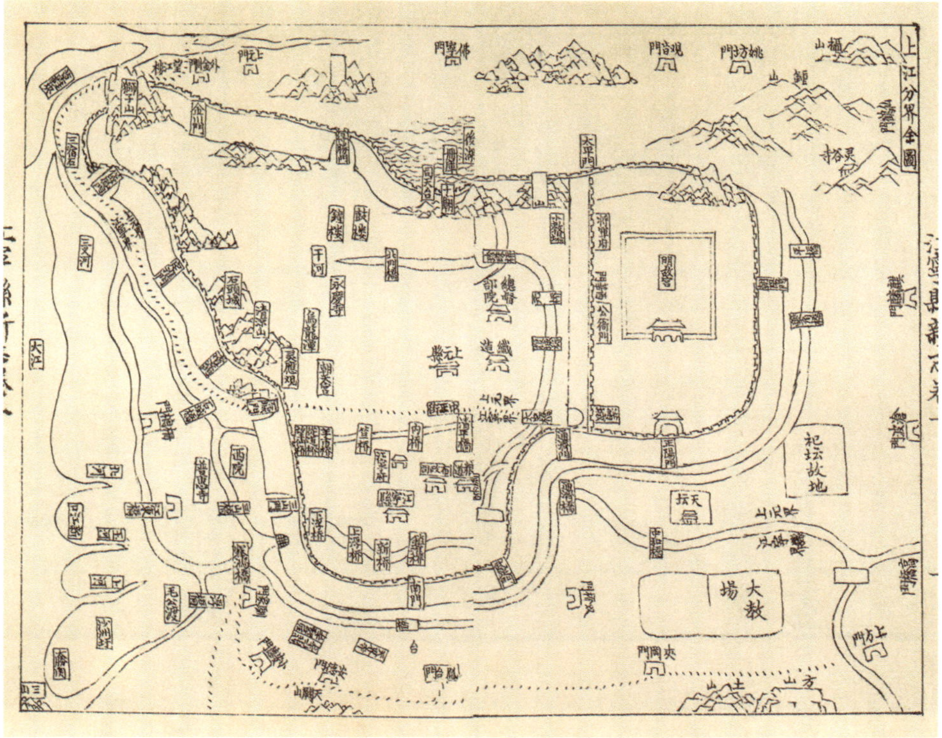

《乾隆江宁县新志》上江分界全图

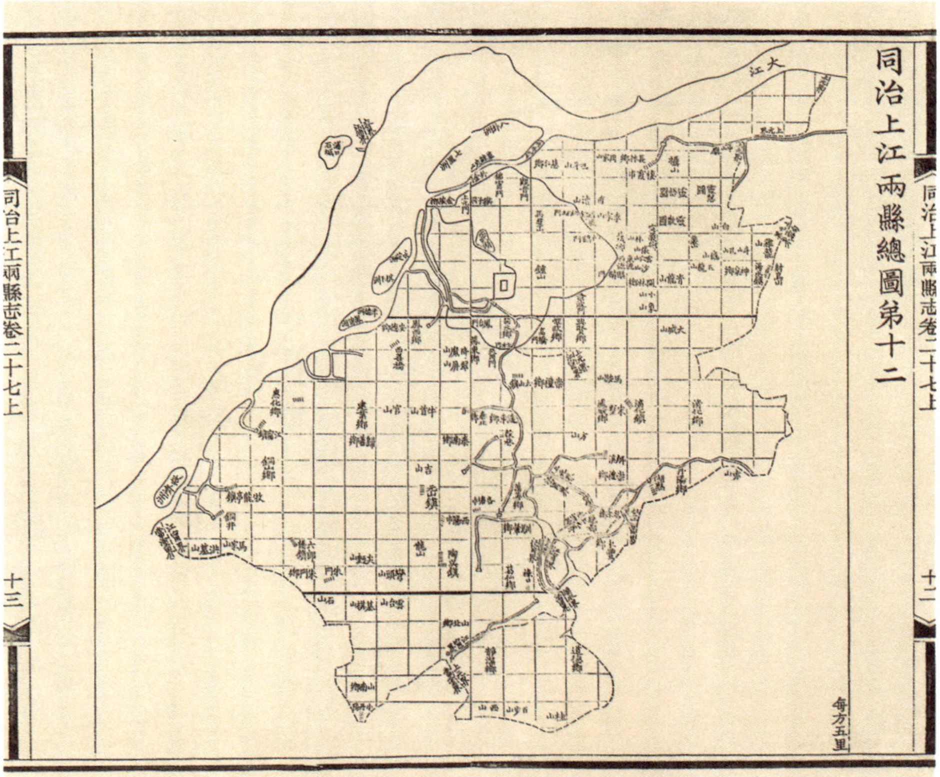

《同治上江两县志》同治上江两县总图

东山

东山街道今为中共南京市江宁区委、江宁区人民政府所在地；自民国以来，东山即为江宁首镇。核心的区位与久远的渊源，奠定了东山在江宁的重要地位。

顾名思义，东山街道之称谓源自山名。东山原名土山，位于今江宁区政府北侧。东山之开发可追溯至三国孙吴时期，新阳亭侯、濡须督骆统曾在东山下营建房舍，后世称之为『骆监军宅』，今东山街道仍有骆村社区之名。正所谓『山不在高，有仙则名』，东山本系小丘，真正得以名垂青史，则与东晋名相谢安『东山再起』的传奇经历有关。据《晋书·谢安传》记载，谢安在四十岁前，常年隐居会稽（今浙江绍兴市一带），『高卧东山』（此东山在今浙江上虞市西南），寄情山水，屡屡推辞朝廷的征召。时人皆曰：『安石不肯出，将如苍生何！』谢安入京为官后，曾在建康城外即今江宁土山修建『山墅』，据《丹阳记》云，『晋太傅谢安旧隐会稽东山，因筑像之，无岩石，故谓土山也。有林木、台观娱游之所，安就帝请朝中贤士子侄亲属会宴土山。』于是仿照会稽之例，土山此后也被称作『东山』。

由于谢安的缘故，东山声名远播，备受文人之青睐。『江山代有才人出』，从南朝著名文人沈约、谢灵运、鲍照、何逊，到唐宋时代的李白、王昌龄、温庭筠、王安石、苏轼、杨万里，再到明清时期的焦竑、吴敬梓、乾隆皇帝等，都曾到东山游览凭吊，咏之成诗，赋之成文，留下了大批名诗佳作。最为潇洒奇绝者，莫过于诗仙李白的《东山吟》：『携妓东土山，怅然悲谢安。我妓今朝如花月，他妓孤坟荒草寒。白鸡梦后三百岁，酒洒浇君同所欢。酣来自作青海舞，秋风吹落紫绮冠。彼亦一时，此亦一时，浩浩洪流之咏何必奇？』

『昔卧会稽客，因留东山名。』虽然东山一名在文人雅士的诗文中远较土山为盛行，但山下之集镇，历代仍以土山为名。宋时，土山净名寺曾掘得刘宋散骑常侍谢涛夫人王氏墓志，志文称其地为『扬州丹阳郡建康县东乡土山里』。明清时期，土山后属上元县崇礼乡，清代称土山镇。民国二十二年（一九三三），土山镇公所所辖九村共划分为七保九十九甲。

东山作为政区之名，要晚至二十世纪。民国二十三年（一九三四），考虑到南京已为首都，而土山『适居全县之中心』、『适居秦淮之中流』、『为一理想之县道中心地点』、『地方经济有发展可能』、『初步建设易于完成，全部建设合于经济』、『山环水抱，形势雄伟』诸点理由，江宁自治实验县政府乃由南京城内迁至土山镇，并将镇名改为东山镇。中华人民共和国成立后，东山历为乡镇、公社，一九六一年复为东山镇。一九九二年岔路

明末清初高岑《金陵四十景》之东山

乡并入。江宁撤县设区后，遂改为东山街道。

东山街道之辖境地处丘陵，地势起伏，除西部秦淮河沿岸有少量平原圩田外，其余皆为丘陵、缓岗地，南北有竹、土二山对峙，东西有外港河及秦淮河贯穿其间，颇具山水之形胜，又兼江宁水陆交通枢纽之地位。自江宁县治设于此地之后，东山脚下的乡野风光逐渐变为城市街景。尤其是在江宁撤县设区后，东山之变化更是日新月异。今日的东山街道，作为江宁区的核心城区，已不复当年田园之貌，至二〇〇九年末，东山辖境已基本实现城市化，常住人口已达十六万一千一百人。唯有小巧而静谧的东山公园，大隐隐于市，注视着山下的车水马龙、林立高楼，注视着这片土地千年来的风云变迁。

链接：谢安石『高卧东山』

谢公在东山，朝命屡降而不动。后出为桓宣武司马，将发新亭，朝士咸出瞻送。高灵时为中丞，亦往相祖，先时多少饮酒，因倚如醉，戏曰：『卿屡违朝旨，高卧东山，诸人每相与言：「安石不肯出，将如苍生何！」今亦苍生将如卿何？』谢笑而不答。（出自《世说新语·排调第二十五》）

远眺东山

江宁万达广场

清长干里客《金陵四十八景》之东山秋月

晚清施蓉生《金陵四十景》之东山

东山城区

汤山

汤山街道位于江宁区人民政府东北约二十四公里处，背倚汤山之东北麓，汤水河之源与宁杭公路穿境而过。汤山为江南古镇，其聚落呈不规则长方状，主街道为东西走向，依山傍水。作为著名的温泉之乡，向为南京东郊之游览胜地。

古镇之名，得自汤山；汤山之名，源自汤泉；汤，『热水也』。作为今日全国四大温泉疗养区之一的汤山温泉，南朝时即已闻名遐迩。刘宋江夏王刘义恭曾撰《汤泉诗》云：『秦都壮温谷，汉京丽汤泉。』将汤山温泉与秦都咸阳温泉、汉京长安骊山温泉相媲美。而因温泉之盛，汤山山体及附近集镇遂皆由此命名。《吴郡录》、《吴录》皆载『江乘县有汤山』，可见汤山之名至少已有一千七百余年之久。

汤山之山体属宁镇山脉，山势呈东西走向，长十余里，宽二里多，主峰团(驮)子尖海拔292米。因与北京汤山南北对应，故又称南汤山。汤山附近岗峦起伏，丘陵错落，『山不甚高，无大林木』，但因温泉汩汩，遂得山明水秀之胜。因地质景观丰富，二〇〇九年江宁汤山、方山已共同申报为国家地质公园。

汤山地质资源中最为可观者，当属独特的数万平方米的汤山溶洞群，鬼斧神工，奇绝瑰丽，美不胜收。一九九三年，在汤山葫芦洞内发现了『南京猿人』，当即引起国际学术界的轰动。洞内共出土一对男女头盖骨，女性头盖骨距今约五十万年，男性头盖骨距今约三十万年，又伴生出土棕熊、梅氏犀牛、中国鬣狗、葛氏斑鹿等十几种动物化石。两具人类遗骸相隔仅五米，一为时代在前的直立人，一为时代在后的智人，汤山猿人洞由此成了全球唯一的同一化石点发现两个人种的遗址，为人类多地起源论提供了有力依据。经复原，『南京直立人』额头低平、眉弓粗壮、眼窝深凹、吻部突出。天成地设的洞穴，几十万年前的人类遗迹，足引游人奇幻之神思。目前已建成南京直立人化石遗址博物馆。

山下之集镇，同样具有悠久之历史。早在南朝时，作为京郊的汤沐胜地，汤山镇一带便已冠盖如云，梁昭明太子萧统手植双松至明清时尚存。据南宋《景定建康志》记载，今之汤山街道，在宋代为神泉里，属上元县神泉乡，境内商贾辐辏，在延祥院前设有汤泉市。此后，神泉、汤泉之名历代皆沿之。元《至正金陵新志》、清《乾隆江南通志》亦载有汤泉市。清末设汤水镇。中华民国时上元、江宁两县合并，其地划属江宁县，改称汤山镇。

陶保晋

民国时期，士绅陶保晋在汤山开发一事上可谓居功甚伟。民国八年（一九一九）三月，陶氏组建了南汤山兴业公司，开启了汤山镇大规模建设之步伐。民国十年（一九二一），江宁第一条公路『钟汤公路』竣工，全长四十八公里，自此汽车可从钟灵街直达汤山，汤山交通大为改观。随后，汤山又率先

民国时期的汤山小道

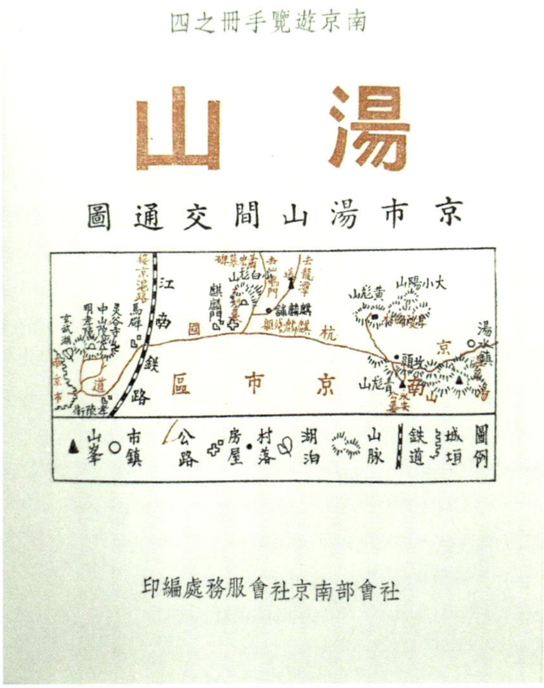

民国时期的《南京游览手册》之《汤山》

开通了南京郊县最早的电话，汤山上的植树造林、采煤开矿等活动亦全面展开。大规模的建设使得汤山很快便发展为东郊最著名的新兴名胜区，政要云集，闻名遐迩。在当时的《新都游览指南》、《京镇苏锡游览指南》、《京沪路旅行指南》、《新南京》等观光手册中，汤山皆被列为游京必览之景点。世界红卍会代表加藤明子来华后，撰写了《南汤山温泉游记》一文，文中盛赞汤山『景色之佳，殆无异于第二天国』。中华人民共和国成立后，汤山先后改为乡及人民公社。一九八四年复设汤山镇。二〇〇五年改设为汤山街道。

改革开放以来，汤山的旅游观光产业再次勃兴。现在的汤山街道，已经成为温泉休闲疗养、地质观光、远古探秘的游客集散中心。二〇一一年，汤山被国土资源部评为『中国温泉之乡』。二〇一二年十月世界温泉及气候养生联合会授予汤山『世界著名温泉小镇』称号，并确定汤山为『世界温泉论坛』永久会址。汤山之美名，渐有风靡全球之势。

链接：汤山葫芦洞得名的民间传说

相传在很久以前，汤山镇一带常有妖魔鬼怪作乱人间，残害生灵，当地村民难于生存并纷纷逃亡。观世音身边护法的七子金刚葫芦娃兄弟知晓此事后，便相约来到人间，与妖魔鬼怪斗智斗勇，鏖战了七七四十九天，但不幸其中有两兄弟被妖怪吃掉了。

正在艰难的时候，观世音菩萨降临人间，降服了妖怪。为保一方百姓的平安，也为了防止妖魔鬼怪死灰复燃，大慈大悲的观世音菩萨留下五位金刚葫芦娃，永驻此洞，并把此洞命名为葫芦洞。而世代相传，人们都说射日的后羿与战妖的葫芦娃，就是古代汤山人的祖先呢！

江宁汤山方山国家地质公园

南京直立人化石遗址博物馆

淳化

淳化街道位于南京市江宁区东部，在江宁区人民政府以东约二十二公里处。自北宋淳化五年（九九四）设镇，距今已有千年相沿之历史。

淳化之得名与『上元县』相同，得自设镇时的年号。据南宋《景定建康志》记载：『淳化镇在上元县东四十五里凤城乡，淳化五年置。』是为江宁乡镇中唯一以年号命名者。在历代年号中，『淳化』（九九〇-九九四）的历史影响颇为广泛，除了江宁淳化镇以外，陕西淳化县、北宋禁中淳化阁（在今河南开封市），皆得名于宋太宗赵光义淳化年号。

淳化地处丘陵与平原的结合部，北为绵延起伏的青龙山、大连山、天宝山，南接秦淮河平原，解溪、索墅等河流经其境，注入句容河。兼具平原、山地、河湖之胜，风景旖旎。青龙山下老虎洞，旧时环境绝幽，『群山环立，云光吞吐』，自明代中期以来即闻名遐迩，号曰『虎洞明曦』，曾为『金陵四十八景』之一。近洞处有宫氏泉，相传汉代已著名，今称杨柳泉。境内东焦水库又称梅龙湖，夏夜临湖，似明镜映月，景色秀丽。

淳化元宝

因『其地遮避句容，应接京口，形势冲要』，南京至句容之古道傍镇而过，淳化在宋代已是重要的商品集散地，位列《景定建康志》所列『镇市』之首。至元代，淳化的地理位置极为关键，由东南方进出集庆路（今南京）的货物需在此聚集纳税，淳化由此成为货物中转和商旅歇息之地，又被称作淳化关。陈沂《金陵世纪》称，『淳化关，路达句容，至丹阳、常州。』王士祯《淳化关道中望茅山》、李维祯《游茅山记》以及顾起元《客座赘语》中的相关记述，皆是淳化古关、古道的真实写照。

元至正十六年（一三五六），朱元璋攻占集庆后，一度迁上元县治于此。当时的淳化，已发展为上元县最大的镇之一。明清两代皆设淳化巡检司。清代淳化之史事多见载于旧志。如顺治十五年（一六五八），知县陈永吉曾在淳化制造文字狱，强行将『海内存知己』解释为淳化富户有联络『海寇』之意。康熙四十八年（一七〇九），大学士熊赐履病逝，康熙帝御赐恤银一千两，安葬于淳化。同在康熙年间，《红楼梦》作者曹雪芹祖父曹寅，在江宁织造任上曾郊行至淳化，作七言绝句《淳化镇》一首。初夏时节，农事繁忙的淳化，山泉之清冽与稻米之清香在曹寅笔下娓娓道来，独具盎然生意：『绿树连村响麦枷，井泉无碱饭无砂。逍遥惯熟山园路，开遍囊荷向午花。』当时，淳化有朝真观一所，始建于南宋，甘熙曾『过淳化镇，与张翁化雨游朝真观』，堪称佳话。

及至晚清以降，因沪宁铁路、京杭公路开通，淳化已不再是南京东往句容、镇江的重要通道，街市渐衰，不复旧观。但根据美国学者卜凯(J.L.Buck)的农村经济调查，当时淳化镇的农产品商品化程度仍非常高。一九一二年上元县撤销后，淳化改属江宁县。抗战期间，淳化作为保卫首都南京的外围防线，曾发生过激烈战斗，中苏两国空军在淳化上空与日机展开激战。驻守淳化阵地的五十一师师长正是抗日名将王耀武。一九四九年四月，淳化地区成立了江宁县第九区人民政府，至一九五五年九月改称淳化区。一

淳化旧官道上的石板路

九五七年撤区设乡，一九五八年改为人民公社，至一九八〇年代恢复淳化乡建置。一九八九年设镇，二〇〇四年改为淳化街道。2006年辖境调整，原土桥镇亦并入淳化。

今日的淳化，虽不复往日商贾辐辏的盛况，但文化底蕴仍极深厚。淳化西南三公里处有梁建安敏侯萧正立墓石刻，现存有神道柱与石辟邪；宋墅村亦有南朝失考墓石刻，皆伫立千余年，作为珍贵的南朝石刻，均已列为全国重点文保单位。《金陵世纪》又称：『齐明钦皇后陵，在淳化镇之北。』镇郊『九墅十八边』村落，旧为南宋时北方大族迁居江南所居之地。明代名人顾璘，官至刑部尚书，曾隐居淳化的彭城山(今大连山)，建有彭城馆，其墓亦在此。古镇民风淳厚，每年农历的四月初八、初九为传统庙会，民间灯舞形式丰富，曲艺剧种异彩纷呈，极富生活气息和地方特色，皆是千年民俗积淀之硕果。淳朴敦厚、人文化成，『淳化』之名号，诚为古镇居民风貌之写照。

链接：《淳化关道中望茅山》 清·王士祯

解组初辞郡，离群欲上浮。怀仙来句曲，采药到茅州。

东望朱阳馆，常思许远游。何当饵南烛，颓景驻千秋？

晚清民初陈作仪《金陵四十八景》之虎洞

朱偰先生拍摄的宋墅北失考南朝墓神道柱

禄口

禄口街道位于南京市江宁区东南部，在江宁区人民政府南约二十公里处。今日的禄口作为南京重要的交通枢纽闻名于世，南京禄口国际机场即坐落于此，宁溧、宁高、汤铜等公路在此交会，南京地铁S1号线目前的终点站也设在禄口。

禄口是南京农业开发最早的地区之一，山水交融，土肥物美，素称『鱼米之乡』。在东头仓、三甲村、管家边皆发现有周代土墩墓，可知古镇之开发史应追溯至先秦。民间传闻，称古镇最初仅有一户六口之家，故称『六口』。核诸旧志，此说不确。禄口交通区位自古优越，旧称『路口』——古代南京至苏、浙、闽的大路（宋称南驿道）在此与令水（河）呈十字形交会，由此渐渐商贾辐辏，路边成市，遂名路口市。

富饶的物产、发达的交通，造就了禄口数百年来的繁华。长期以来，禄（路）口一直是江宁东南部最大的农副业、手工业产品集散中心之一。南唐时，路口为都城外二十个固定市墟之一。宋代在路口附近的驿路上设置有『路口铺』，以传递公文。据元《至正金陵新志》引《戚氏志》称，路口市当时亦名路桥市，盖以大路和令桥得名。明代的路口因地处溧水、秣陵两税关的中间地带，两地间的货物需在此中

作为交通枢纽的禄口

转，故而沿路商肆栉比，车马辚辚，沿河大小摊贩市场，人流如织，市面繁荣兴旺，是当时江宁县市税收缴最多的集镇之一。至清代，『路口』雅化为『禄口』，并置禄口镇，隶属江宁葛仙乡。中华人民共和国成立后，禄口先后属于江宁县第四区、禄口区。一九五七年撤区置乡，一九五八年改为人民公社，一九八三年复改为乡，一九八九年置镇。二〇〇〇年，铜山镇并入禄口，辖境因之扩大一倍。至二〇〇六年设禄口街道。新世纪以来，禄口先后被确定为全国重点镇、省新型示范小城镇、南京市实施『三城九镇』战略第一镇。往日车毂辐辏之『路口』，仍然延续着千年来繁忙的姿态。

禄口既是交通商贸大镇，亦为文风蓊然之地。古代的禄口，受道教文化影响颇深，汉末三国时，道家名士葛玄的故乡就在镇郊。清初镇内兴建的茅亭庙，为南京地区著名道教庙宇之一，惜今已不存，其遗址列为市级文保单位。另外，境内曹村、山阴村，至今还保留着王羲之族居的遗址。

南京禄口国际机场T2航站楼

链接：南京机场沿革概况

民国元年（一九一二），在临时大总统孙文的亲自指定下，民国政府在小营演武厅旧址建立小营机场，是为南京境内的第一座飞机场。

民国十八年（一九二九），国民政府定都南京后，小营机场废弃，于明故宫遗址建设机场，其后明故宫机场曾经历三次扩建。

民国二十年（一九三一）四月，国民政府在大校场机场建立了首个航空学校，三年后辟为军民合用机场。抗战前，大校场被定为中国最高级别的航空总站。

一九五六年七月，明故宫机场废弃，民航迁往大校场机场。

一九九五年二月二十八日，南京禄口国际机场正式开工。

一九九七年七月一日，南京禄口国际机场正式通航，南京民航搬至禄口机场，大校场机场保留为军用机场。

二〇一四年七月，南京禄口国际机场二期工程建成启用，规模居华东第二。

二〇一五年七月三十日，空军南京新机场南京马鞍国际机场建成投运，大校场机场正式关闭。

千年古镇——禄口

谷里

谷里街道位于南京市江宁区西南部，在江宁区人民政府西南约十六公里处。境内主要为平原地形，东西部有丘陵岗地分布，板桥河及其支流纵横中部。

对于谷里得名之由来，古代方志阙而未论，后世说法则颇为纷杂。《江宁区志》称：『元代因其地处金牛山谷，乡下设置「里」，故称谷里。』民间又传『谷里』一名与郑和有关：郑和第七次下西洋卒于印度古里，后衣冠冢位于牛首山西麓，为纪念郑和，遂以『古里』谐音得名『谷里』。此外还有一说，以当地稻谷丰盛而得名。

查检南宋《景定建康志》，今谷里一带，宋时为归善乡，分布有归化、仁寿、仁恭、归善和归德等里。此后数百年间大致情况基本如此。至清中后期，谷里首见于史籍，甘熙《白下琐言》卷七载有『南门外四十里谷里村』，清《同治上江两县志》中，『谷里邨』位列江宁县十八处集镇之一。可见谷里长期为普通村落，其兴起颇晚，或在清代。原谷里村驻地名曰俞家岗，其地之大姓俞氏家族系清末自徽州迁来，这与『谷里』见于地志之时间颇为吻合，故《江

谷里村附近地形图

宁区志》等资料中的元代设里之说，恐需商榷。

推敲谷里得名由来的上述说法，其实不难辨别：郑和墓距谷里尚有约十七里之遥，谷里在清末以前本非乡镇，辖区仅一村之地，郑墓与谷里绝无关联，且以丧地之名纪念故人，亦非常例，故而纪念郑和之说，当为今人附会；稻谷丰盛，乃江南常景，谷里又非江宁产粮最盛之区，故以稻谷为名之可能性亦小。从地名学原理及谷里所处丘陵谷口的地形判断，当以《江宁区志》所称地处山谷一说最合情理。谷里村南侧，东西各为丘陵，今银杏湖大道即穿谷而过。

民国二十二年（一九三三），谷里置为建制镇。一九五五年改设谷里乡。一九五八年成立谷里人民公社，辖十四个大队。一九八二年恢复乡制。二〇〇〇年撤乡设镇。二〇〇六年三月，原谷里镇和东善桥街道合并，设立谷里街道。二〇一四年，原东善桥街道区域又划归秣陵街道。

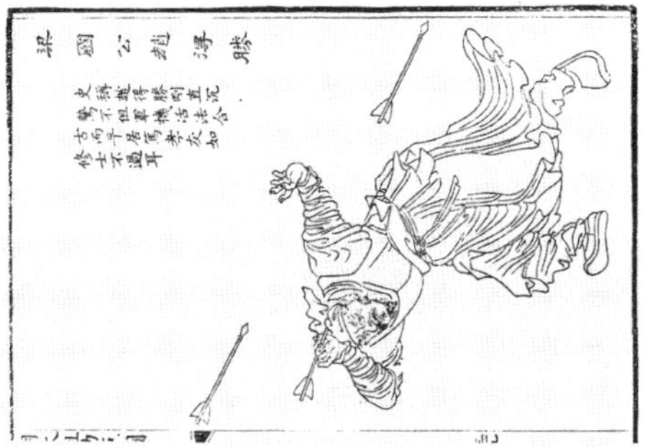

赵德胜

谷里境内山水及人文资源极为丰富，山峦重叠，沟谷交错，不仅拥有牛首山、南唐二陵、三宝太监郑和墓、银杏湖、谷里水库（今名璟玥湖）等众多风景名胜，且所辖村落田园风光亦佳。另外，明太祖朱元璋的得力部将赵德胜在与陈友谅鏖战时阵亡，太祖命人将其灵柩护送回南京，赐葬于『牛首山安德乡下堡之原』，其地即今谷里周村之乌石岗。今日的谷里，可谓江宁区耀眼的『静谧之谷、田园之里』，前景无限。

链接：谷里薰衣草庄园

谷里大塘金薰衣草庄园位于江宁区谷里街道双塘社区大塘金村。庄园以观赏薰衣草为主，并配套有农家乐餐馆、旅馆、茶餐厅、薰衣草产品商业街等。二〇一三年五月，大塘金种植的四百亩薰衣草首次绽放，天然地形造就了『梯田式薰衣草』的独特景观，清风递送，掀起层层紫色波浪，徘徊其间，观光者如同置身紫色花海，被誉为南京的普罗旺斯。薰衣草绽放的时间因品种而异：西班牙引进的薰衣草于四月中旬开花，法国引进的品种则在五月下旬绽放，花期持续至九、十月份。目前，大塘金已经初步建成映月荷塘、芳草乐园、禅悟茶林、悠然山庄、沁心水岸、富氧山林、静谧半岛七个功能区，游客能在此赏薰衣花海，吃农家美食，购香草产品。『山水含清辉』的大塘金已成为谷里特有的旅游特色村，可谓江宁之观光新星、紫色明珠，颇受年轻人的青睐。

谷里『爱情隧道』

谷里薰衣草庄园

横溪

横溪街道位居南京市江宁区南部苏皖分界地带，在江宁区人民政府以南约二十六公里处。横溪地势西高东低，丘陵遍布，境内有横山、有横水、亦有横溪桥。横溪之得名由来及历代称谓之变迁，皆与此山、水、桥不可分割。

横山亦名横望山，位于江宁之横溪、铜山南境以及溧水、当涂境内，为苏皖界山。南朝刘宋山谦之《丹阳记》云：横山『连亘数十里，或云楚子重至于横山是也』，则横山之名始见于春秋，堪称江宁境内最古老的山名。又南宋《景定建康志》记载：『又曰横望山，四面望之皆横，故有是名。』横山由大小六十二个山峰组成，山脊线长约十五公里，南北宽三—五公里，山体石质多为砂岩，横列如障。主峰太阳拱，俗称拖船壑，海拔四百五十九米，位于安徽省马鞍山市博望区；次高峰四径山在横溪街道境内，海拔三百六十三米，亦为江宁第一高峰。另有陡山、神仙洞、灯张挂壁、大茅岭庵、青堦岘等山峰，海拔均在二百米左右。山中盛产竹木、药材，植被葱郁。横溪河即为汇集横山山水之河，又称横水，源于本镇，横贯横溪、禄口两街道，东流入溧水河，现长十一公里。

『横溪』地名标识

横溪的开发历史颇为久远。一九七四年当地曾出土过西周铜铙，亦曾发掘过周代之土墩墓多座。爬梳旧志，横溪乡镇的建置至少可溯自宋元，南宋《景定建康志》中记载，宋代有横山南乡、横山北乡、横水里。至元代，横山南、北二乡合一，里名仍为横水里。

清代，横溪名为横水桥街，晚清时亦称横溪桥镇。这一名称源自镇内标志性的古桥。在横溪老街上，有一座清代石拱古桥横溪桥，又名横水桥。桥长十点二米，宽三点八米，净跨五点一米，矢高三点一米。桥身历经数百年风雨，目前仍保存良好。横溪桥虽非巨构，但桥体雕工精美，桥孔两侧各雕一龙头，石栏板上则雕刻鹿、鹤等瑞兽花鸟图案，古意盎然。栏杆柱上的狮兽，在『文革』中遭到破坏，现已修复。桥面由青石铺成，中轴线上的独轮车车辙，尽显古镇沧桑。从前，流经横溪桥下的河水水清流缓，可容小船通过，两岸垂柳摇曳，一派小桥流水的江南景象。但当山洪暴发之际，横溪也常泛滥成灾。一九七八年，为解决这一问题，横溪河穿街河段南移，绕过了横溪的街镇，自此镇上水患永息。在新河上新建了长三十五米的钢筋混凝土新桥，亦名横溪桥。

横溪桥

民国二十二年（一九三三），横溪桥镇径称为横溪镇。中华人民共和国成立后，横溪先后隶属江宁县第三区、陶吴区。一九五〇年设横溪镇及横山、云台、西安等乡，一九五六年乡镇整合后，设横溪、横山二乡。一九五七年横溪、横山二乡合并为横溪乡。一九五八年组建人民公社，一九八三年复为乡，二〇〇〇年置镇。二〇〇六年，原横溪、丹阳、陶吴三镇进行整合，横溪镇境大为扩展。二〇〇七年改为横溪街道。

横溪山水相连，环境清幽，向为高洁之士所流连。自唐以来，隐居横山者不在少数，历代吟咏横山、横溪之诗赋亦不绝如缕。诗仙李白的《赠丹阳横山周处士惟长》、刘长卿的《过横山顾山人草堂》以及明代周是修的《和答横溪隐者歌》，皆与横溪隐士有关。宋代著名诗人杨万里创作有《横山》、《宿金陵镇栖隐寺望横山》、《横山江岸》等诗，更足见其对横溪风光之钟爱。

抗日战争时期的横溪镇，在敌后斗争中扮演了重要角色。民国三十一年（一九四二）八月，中国共产党在江宁县西部和当涂、溧水二县的边界地区，成立了江当溧三县行政委员会，次年改称横山县抗日民主政府，其驻地便设于横溪境内。一九六四年，在新四军战士与日军展开游击战斗的云台山麓，兴建了众多纪念性建筑，周围苍松翠柏，庄严肃穆。其中纪念塔高达十六米，上书『云台山抗日烈士永垂不朽』。如今横溪的抗日民主政府旧址和云台山革命烈士墓，已成为江宁重要的抗战遗迹，为后人所缅怀凭吊。

古代横溪本为附近商贸中心，阴历六月十三的庙会热闹繁盛。如今，随着『美丽江宁』建设的开展，横溪的田园之美，愈来愈引人注目。横溪西瓜历来为江宁名品，如今更设有『江宁横溪西瓜节』，以飨游人。古老的上国安寺银杏，枝衍四方，如玲珑宝塔，已矗立八百年。静谧的石塘竹海，曲径通幽，身处其间，满目青翠。横溪之美，既美在这颇具古典山水风情的横溪地名，更美在其悠远的历史与脱俗的自然。

链接：江宁横溪西瓜节

横溪是南京的农业大镇，终年阳光充裕，雨水丰沛，土壤条件也非常适宜西瓜生长，因此横溪的西瓜种植业可谓由来已久。二十世纪七十年代开始，横溪成为南京早熟西瓜的主要产地之一。如今横溪西瓜种植户已逾一万一千户、三万六千人，形成了『龙头企业+基地+农户』的经营模式。西瓜品种增加了『小兰』、『宝冠』、『秀丽』、『橙兰』、『黑美人』等六十余种，并培育了大量的方形瓜、三角形瓜、情侣瓜等奇特造型。截至二〇一四年，横溪西瓜销售产值已逾四亿元。

二〇〇二年，首届江宁横溪西瓜节成功举办，此后每年于五月或六月举办，至今已有十余年。『以文化立形象，以情节聚人气，以展示育商机』，横溪西瓜节现已纳入『南京乡村旅游节』和『魅力江宁田园文化节』的范畴之中。每逢节庆，『瓜王争霸赛』、『西瓜创意大赛』等活动异彩纷呈，横溪的小西瓜已经做出了大文章。

石塘竹海风光

横溪石塘人家全景

麒麟

麒麟街道位于南京市江宁区北端、南京主城区东郊，在江宁区人民政府东北约十四公里处，东南与东山街道接壤，交通十分便捷，镇名独具古韵。

麒麟一名，源自附近有宋武帝刘裕初宁陵之石刻神兽麒麟。刘裕为南朝刘宋开国皇帝，小字寄奴，生于京口（今镇江）。南宋辛弃疾的著名词作《永遇乐·京口北固亭怀古》所云：『斜阳草树，寻常巷陌，人道寄奴曾住。想当年，金戈铁马，气吞万里如虎』，描绘的便是刘裕的英姿。刘宋永初三年（四二二）五月，刘裕驾崩。秋七月，葬于『丹阳建康县蒋山初宁陵』。初宁陵，即在今麒麟街道境内。陵前现存一对神道石兽，西为麒麟，东为天禄，残高约三米，目嗔口张，昂首卓立，造型凝重敦厚，风格古朴雄浑，现已列为全国重点文物保护单位。麒麟街道所属原西陵、东陵二村，也是以初宁陵为方位坐标而得名的。如今千载已过，南朝往事了无痕迹，唯有初宁陵前的『麒麟』，诉说着『金戈铁马』的荣光，沉淀在地名之中，久久为乡民故老所传诵。

宋武帝刘裕画像

南唐时，麒麟市已发展为固定集市，为都城外二十个固定市墟之一。据南宋《景定建康志》、元《至正金陵新志》等旧志记载，宋、元以降，麒麟市皆隶属上元县开宁乡。明初，太祖朱元璋为加强和弥补京城（内城）的防卫，于洪武二十三年（一三九〇）下诏营建外郭城，麒麟市附近之城门名曰『麒麟门』，为外城十八门之一。此后麒麟之市镇也被称为麒麟门，附近还设有急送公文的铺所麒麟铺。

中华民国成立后，上元、江宁两县合并，麒麟门遂划属江宁。民国十八年（一九二九），正式定名为麒麟镇。中华人民共和国建国后，历为麒麟乡（一九五七年）、麒麟人民公社（一九五八年）。乡政府驻地名曰麒麟门镇，乡下辖有麒麟门村、麒麟铺村。一九六五年，为求书写便利，改麒麟为谐音『其林』，如此虽便于群众读写，但千年地名之文化意蕴因此流失。一九八二年复置其林乡。一九九四年置麒麟镇，『麒麟』旧名得以恢复。二〇〇六年撤销麒麟镇，泉水、定林、建南、窦村四村划归东山街道管理，悦民、麒麟门、麒麟铺、晨光、锁石五个居委会和东流、青西、袁家边三村划归汤山街道管辖。二〇一〇年六月，恢复麒麟镇原有辖境，设立麒麟街道。

麒麟镇郊有山，有水，有平原，自古以来即以农、林、矿业等多种经济产业并存。明代修筑外郭城后，进出南京城东门的大路、驿道均从麒麟门通过。丰富的物产，便捷的交通，造就了麒麟镇自古以来的繁华。目前，麒麟农业主产品有稻米、麦类、蔬菜、棉花等，特种产品有茶叶、肉鸽、乌骨鸡等，矿产品有石灰石，林业则以杉树、毛竹为主。作为自古以来的军事防守紧要之地，麒麟历代又有驻军防守。在一九三七年的南京保卫战中，桂永清的教导总队即在紫金山、麒麟门、中山门一线构筑阵地，以抗击日寇。

『残花旧宅悲江令，落日青山吊谢公。止竟霸图何物在，石麟无主卧秋风。』六朝的霸业空余麒麟残照，明清时期的外郭通衢也仅存土陇，但麒麟古镇的发展步伐却日日常新。近年来，随着南京生态科技城开发建设的不断加快，麒麟的区位优势愈显突出，街道面貌焕然一新，成片的绿地、加快推进中的重大产业项目，使得千年麒麟更显朝气蓬勃。

初宁陵石刻

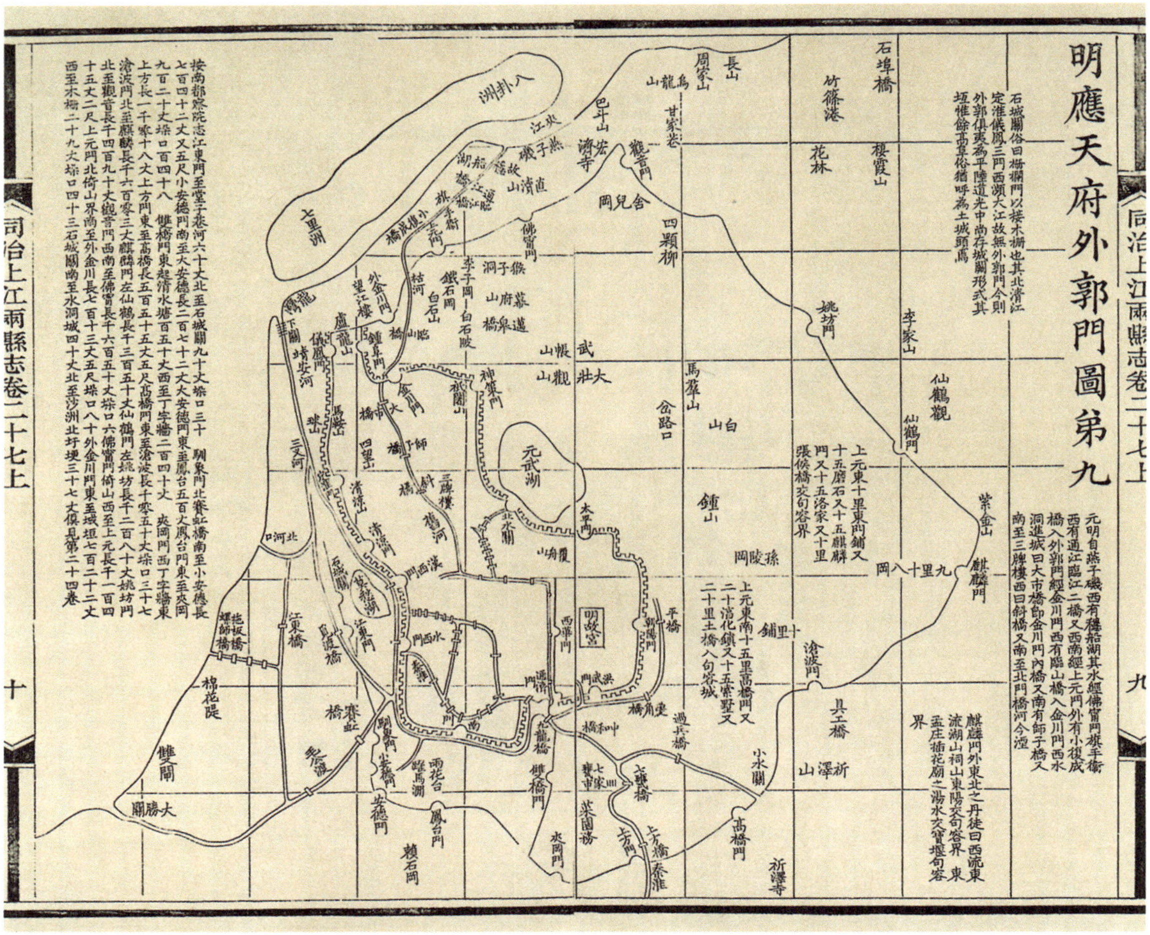

《同治上江两县志》明应天府外郭门图

链接：南京外郭城麒麟门

明代南京外郭城，俗称土城头，是明太祖朱元璋为加强和弥补京城（内城）的防卫而营建的城垣，于洪武二十三年（一三九〇）开始筑造。南京外郭根据山脉、水系的走向筑城，得山川之利，控江湖之势，形成了独具防御特色的立体军事要塞。周长约六十公里，开有十八座城门。其中，麒麟门是外郭城中最东边的城门，建造于洪武二十三年四月，西南与沧波门相接，西北与仙鹤门呼应。城高约八—十米左右，城墙上宽六—八米，城垣本体以垒土为主，只在城门以及一些重要地段使用城砖包筑。明洪武二十四年（一三九一）曾于麒麟门置千户所。清末至民国时期，麒麟门逐渐衰败，地表城门现已不存，仅存地下遗址，地名则沿用至今。麒麟门至仙鹤门、沧波门之间，尚能看到当年的城垣遗迹。

铜井

铜井位于南京市江宁区西南部，在江宁区人民政府西南约四十五公里处，濒临长江，紧邻安徽地界，现属江宁街道。铜井主要为沿江平原地形，有铜井河发源于此，全长约二千八百米，西流入长江；东南部则有连绵的低山丘陵分布，包括洪幕山、白头山、娘娘山等；长江中则有新济洲、新生洲、再生洲等江心沙渚。

顾名思义，铜井之得名，与铜矿开采密不可分。铜井南境海拔二百一十七点一米的娘娘山上，隐藏有一处面积达十五平方千米的古火山口。火山运动使得附近洪幕山中形成了丰富的金铜矿藏。当地最早的开矿时间已不可考，早在两汉三国时期，丹阳郡便以出善铜而闻名于世，所谓『汉有善铜出丹阳，和以银锡青且明』。陈寿《三国志》亦云，丹阳地势险阻，山谷万重，『山出铜铁，自铸甲兵』。今之江宁在隋以前皆属丹阳郡，丹阳之产铜地，或即包括今铜井。南宋《景定建康志》中已载有『铜井』一名，则此地铜矿开采之发轫至晚当在南宋以前。江苏黄金公司在矿山现场勘察时，曾见有古代矿洞遗址，而据矿渣分析，当为明代遗物。

一九三八年日军侵占铜井后，日本华中公司曾在此进行掠夺性开采。经过数十年间的持续作业，铜井的铜矿资源渐趋枯竭。但可喜的是，自二十世纪八十年代起，铜井的金矿资源开始得到高效的开采利用，渐成江苏金矿规模之最。头枕金山，守望碧水，位于江山之间的铜井，可谓尽地利之优势。

铜井聚邑的形成时间难以详知。自宋、元以降，历代皆设铜井市，隶属江宁县处真乡。清至民国皆设铜井镇。民国时属江宁县第二区。中华人民共和国成立以来，铜井建置反复变更。一九五六年改铜井镇为铜井乡，其后牧龙、洪幕、三兴、新济、松宁等乡镇并入铜井。一九五八年改设人民公社，一九八二年、一九九四年又先后改为乡、镇。二〇〇六年铜井镇并入江宁街道。

除了丰富的矿产资源外，铜井古镇控扼江滨要道，为南京至采石矶古道之必经。前人行旅至此，多有诗作吟诵。如明末清初施闰章的《夜趋铜井途中遣闷》、《铜井行》二诗，描绘了他『夜行过铜井，灯火夜未永』的见闻，作者或感慨『树拥重云黑，风驱骤雨寒』，舒缓行旅之孤闷，颇具高士之情怀，或诉说『挥鞭索鸡黍，破釜出门去』，怒斥官府压榨乡里之残暴，亦有诗史之意味。

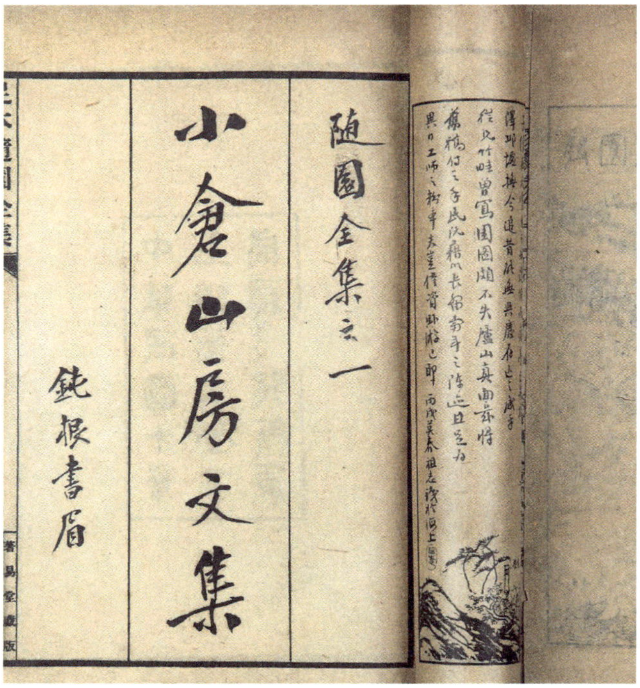

收录有《祭吴桓王庙文》的袁枚文集

铜井旧有古迹多处，人文底蕴深厚。一九七三年，在铜井镇东南约二百米处，曾发掘过两座晋代砖室墓，出土有元康二年（二九二）、元康九年（二九九）纪年砖以及青瓷镇墓兽、香薰、蛙形水盂、龟钮铜印等器物。又据清《同治上江两县志》记载，铜井镇旧有兴福寺碑，镇南有南宋名将秦钜宅邸，镇内又有供奉汉末孙策的吴桓王庙。清代著名学者袁枚曾经『宰江宁，过铜井庙』，写下了感佩至深的《祭吴桓王庙文》和《吴桓王庙》诗，对这位『掷戟神亭一笑分，英雄名号尚郎君』的少年名将，表达了跨越千年的相惜之意。

链接：清·袁枚《祭吴桓王庙文》(节选)

余年十七，读《吴桓王传》，心感慕焉。后十年，宰江宁，过铜井庙，有美少年像，披王者冕旒，英年奕奕。野人曰，是桓王也。余欷歔拜谒，奠少牢，为民祈福，而使祝读文曰：

惟王值天地之睢剌，为孤露之童牙。初亡姑蔑之旗，便射徒林之兕。先破虏将军，玉玺方收，金棺遽埋，有功帝室，未享侯封。王收斟灌之遗兵，零星一旅；就渭阳之舅氏，涕泪千行。志在复仇，身先下士。神亭掷戟，立杆知太史之心；金鼓开城，解甲拜子鱼之坐。鸣角以招部曲，戎衣而习《春秋》。

……今者庙貌虽颓，风云自在。端坐悒悒，郎君之神采珊然；秋草茫茫，讨逆之旌旗可想。三吴士女，皆王之遗民；六代云山，皆王之陈迹。守土官袁枚，幼读史书，掩卷生慕。来瞻祠宇，雪涕沾襟。难从隔代以执鞭，误欲升堂而拜母。修下士天台之表，寄将军帐下之儿。愿安泰历之坛，永锡编氓之福。勿孤普淖，鉴此丹诚。呜呼！千载论交，王识少年之令尹；九原若作，吾从总角之英雄。

铜井新寓

铜井河

土桥

土桥，今属南京市江宁区淳化街道。其地位于江宁东部边缘、汤水河南岸，与句容市西界隔河相望，在江宁区人民政府东约二十二公里处。宁句、汤铜公路在此交会，为淳化所辖较大之村镇，现为街道办事处驻地。

土桥为古上元县通向句容的东大门，因村北曾建有简陋覆土的平桥，得名土桥。古镇形势冲要，开发由来已久，境内有数十座周代土墩墓分布，是为上古时期土桥地区民物繁庶之见证。又有多处汉末孙吴与南朝梁时期的遗址及相关之古地名。据清《同治上江两县志》，孙吴政权曾与笮融在此激战。镇东有『周郎桥』，传为周瑜攻打笮融时所经之地，旧时以此桥为上元、句容两县分界。北宋庆历年间，土桥镇富户周贵仁重修石桥。惜此名桥毁于抗日战争时期，近年已斥资重建。『周郎可是世英豪，谈笑功成乃不劳』，『凭栏何处吊英雄，空剩长桥卧彩虹』，宋代马之纯、清代刘源深皆作有《周郎桥》诗以怀古。镇南又有『吴帅墩』，传为周瑜观兵演阵之地，如今墩高十五点五米，尚可见残存的瓦砾碎片；又有『吴读庵』，传为吴王读书习武之处；土桥小学旧址，则相传是梁昭明太子读书处，院内有『拗月池』、『无痕井』，其西桂花园，亦与昭明太子有关。

吴帅墩

据南宋《景定建康志》可知，至迟到宋代，土桥市已经形成。北宋景德年间（一〇〇四—一〇〇七）置土桥镇，属上元县，此后历代相沿。民国初年，上元、江宁两县合并，土桥遂属江宁。中华人民共和国成立之初仍为土桥镇，先后隶属于江宁县第九区、淳化区、湖熟区。一九五七年，土桥、永平、滨淮、周子、西城等乡镇合并为土桥乡，一九五八年改设为人民公社。一九八二年、一九九四年，先后恢复乡、镇建置。二〇〇三年，镇政府所在之土桥集镇居委会、桂园居委会、土桥村委会合并设立桂花园社区。二〇〇六年土桥镇并入淳化街道，桂花园社区改称土桥社区，下辖十三个居民小组。

土桥境内兼有山水、平原，农业开发较早，盛产稻麦、茶果、鱼虾、丝、麻、烧酒、铁器等，向来是江宁、句容两县交界处的农副产品、手工产品之集散中心。历代曾设有镇监、巡司、税务等管理机关。集镇内商肆栉比，来往客商络绎不绝。明代贝琼长途远行，曾赋《土桥》诗一首，聊表行旅之苦闷：『数家星散土桥西，苦雨酸风叫竹鸡。一夜破窗愁不寐，愿回白日照春泥。』

在抗日战争的烽火年代里，土桥也曾是新四军抗击日寇的前沿阵地。中共江宁县青龙区区长部贤聚、新四军龚排长等八人在土桥英勇殉国。一九七七年兴建了土桥烈士墓，占地八千九百五十平方米。次年建碑，上书大字『革命烈士永垂不朽』，以告慰烈士之英魂，启迪来者之奋勉。

土桥烈士纪念碑

有趣的是，土桥工匠善于建造桥梁，恰与镇名颇为契合。早在一九三〇年代，土桥镇就有石、木、泥瓦匠等手工艺人多达四十余名，走村串户，修屋建桥。至一九六〇年代，土桥有二十名建筑工人参加了南京长江大桥的建设。自一九七〇年代以来，土桥工人又先后承建了沧波门战备桥、曹村桥、麻田桥、格子桥、三河桥、扬子石化公司立交桥和管线桥等工程，甚至远涉重洋，承建国际项目，从而获得了『土桥建洋桥』的赞誉。

链接：元末明初·高启《早发土桥》（洪武二年，一三六九年）

空山远无驿，逆旅聊可宿。怀征候鸡鸣，燃带续我烛。仆夫昨行苦，烂熳睡正熟。呼之愧匆匆，推车出茅屋。高岩尚悬斗，深谷未升旭。欲亟去反迟，怪石暗屡触。思当在家时，日晏始舒足。胡为此行迈，霜露劳局促。王事靡敢辞，非关徇微禄。

中华人民共和国成立初期建造的周郎桥

土桥街景

贰

聚落名

佘村

佘村，今属南京市江宁区东山街道，位于江宁区人民政府以东十一公里，青龙山与大连山之山凹中，以保存有明清潘氏宗祠和住宅建筑著称。

佘村的历史最早可追溯到元代。据当地族谱记载，元末明初时，有皖籍佘氏一族数户，为躲避战乱，迁徙于此，由此得名。明清两朝，佘村地属淳化镇。古代的佘村虽非大村，但文风盎然。据明代《客座赘语》记载，佘村玉皇观墙壁间的两个隶书大字『松庵』，为元朝大德年间（一二九七—一三〇七）的状元王龙泽手书。

民国成立后，上元县并入江宁县，佘村至此归属江宁。民国三十六年（一九四七），佘村编入淳化镇第十二保。中华人民共和国成立后，由淳化划属上高镇管辖，隶属江宁县第一区。一九五〇年，于佘村置佘建乡，改隶第九区。一九五六年并入上坊乡，改属东山区。一九五七年成立佘村高级社。一九五八年，佘村、中下两高级社合并为佘建大队，一九五九年又改为佘村大队，属上坊人民公社。一九八二年恢复为佘村村委会。二〇〇六年改为佘村社区居委会，下辖十七个居民小组。

佘村古建

当地村民又有传说，此村最早名为龙村，堪舆家号为龙兴之地。当朝皇帝听说后大为不悦，想要将村落平毁。有位法师听闻之后，在村埂上插了根竹子，说是插在了龙脊梁上以断龙脉，这才化解了灾祸。而那个插了竹子的田埂，后来被称作『九龙埂』。此说虽然只是乡野逸闻，但也反映了佘村山环水抱、钟灵毓秀的地理环境，确为兴家旺族之宝地。

佘村现有五百八十余户，二千一百多人口，其中以潘氏为影响力最大之家族。据民国十三年（一九二四）所修《潘氏家乘》记载，潘氏世居河南归德府，是中原望族。明末中原战乱，其始迁祖潘仁公携家避乱南下至江宁佘村，见『虎洞、天印屏于前，青龙、天宁列于后，群峰环抱，自成村落，又复山川明媚，树木葱茏。爱其地僻而静，有类世外桃源』，遂择其地而居。清顺治初年，潘氏巨商潘恒才建造了潘氏宗祠和住宅，佘村渐因潘氏而兴旺。潘氏在此子孙繁衍，至民国年间已历十余世。

佘村井

不过，潘恒才原先营造的建筑，已毁于清末太平天国战争之中。佘村现存的潘氏宗祠及住宅，是民国十年（一九二一）族人潘芗泉首倡、众人集资重修的，于民国十三年（一九二四）竣工。潘氏宗祠占地约三百五十平方米，为三房二进结构。潘氏住宅紧邻宗祠，两路三进结构，占地约二千一百平方米，分三个宅院，共计六十六间，号称『九十九间半』。潘氏建筑群虽非巨构，但结构精巧，门楼砖雕有明八仙、暗八仙、狮子滚绣球等图案及『天赐纯嘏』之额，具有典型的南京地域风格，融入了徽派建筑特色。

此外，佘村内还有青石古井一口，井深三点四米。井栏外呈八角形，内呈六角形，上有内凹二龛，一刻『井泉龙王之位』，一刻『大明年间为一源泉，至大清甲申年改置为井』。村落周围旧有玉皇观、文昌阁、观音庵、天宁寺、三茅宫等宫观寺庙之旧迹，辅以青山环绕、水库横前之胜景，俨若东郊之世外桃源。

链接：潘氏住宅修缮进展

二〇一七年七月八日上午，荔枝新闻网友来到了佘村探访。这里山清水秀、古风古韵，两栋活色生香的古建筑，风姿绰约地矗立在佘村的村口。潘家宗祠就在路口，再向西十多米，潘氏住宅就出现在眼前。一眼看去，潘氏住宅已成了濒临倒塌的老房子，一些房屋就快塌完了，好在古建筑修复的工人正在这里紧急修缮潘氏住宅，据悉，修缮后的潘氏住宅将成为建筑艺术博物馆，向游人开放。（节选自荔枝网新闻报道，原标题：《南京江宁清末建筑潘氏宗祠预计修缮后向游人开放》）

佘村老地名石刻

潘氏住宅现状

麻田

麻田，属南京市江宁区秣陵街道秦淮社区，位于秦淮新河南岸、韩府山东麓，负山面水，距江宁区人民政府约六公里，是古代苎麻盛产地，现已实现城市化改造。

苎麻，原产于中国，是古代主要的纺织原料之一，尤其受到平民阶层的青睐，上等的苎麻织品亦为宫廷所使用。南京种植苎麻的历史至少可追溯到六朝，有左思《吴都赋》为证：『纻衣絺服，杂沓从萃。』唐代诗人李白在江宁横山游览时，曾挥笔写下『时作白纻词，放歌丹阳湖』的诗句。唐宋时期，金陵产的『火麻布』、『白苎布』、『细青纻布』等，均为当时麻织品中的佼佼者，名列南京上贡京城的各类贡品之中。这些苎麻织贡品的原料苎麻，其中恐怕不乏有大量精品来自江宁的麻田村。

值得一提的是，麻田还是日本苎麻的来源地。相传唐代高僧鉴真大师东渡扶桑，将中国苎麻种子和种植技术带到了日本。日本学者也曾前来中国，考察了南京秦淮河两岸茂盛的苎麻，认定麻田村就是始产地，并称苎麻为『麻田草』、『南京草』。苎麻及其种植技术还传到欧美诸国，欧美等国也将苎麻称为『南京草』。有江宁当代诗人窦天语赞曰：『苎麻热卷亚欧美，识物争裁裙裤衫。溯古探踪源何处，故乡原本在麻田。』

收获苎麻茎皮纤维

关于麻田地名，《江宁县地名录》中又有另一说：『明代此处有磨田寺，村名磨田，后人语讹称麻田。』核诸考古发现，该说疑误。一九九四年，文物部门在麻田村发掘了古墓一座，墓主人为明代开国功臣长兴侯耿炳文的夫人陈善愿。耿炳文早年承袭父职，随常遇春、徐达攻打大同、陕西等地，屡立战功。燕王朱棣起兵『靖难』，建文帝以耿炳文为大将军率军讨伐朱棣，结果兵败真定。根据墓志文字记载，至少在明初，此地已有麻田村之名。磨田寺之名，反倒可能得自麻田。

明、清以来，麻田先后属安德乡、新亭乡辖境。中华人民共和国成立后，麻田初属石马乡，先后隶属江宁县第一区、东山区。一九五七年划属东山镇，一九五八年属东山人民公社。一九八二年后，先后属东山乡（乡政府驻岔路口）、岔路乡、东山镇。二〇〇二年属百家湖街道秦淮社区。

随着新世纪前后江宁日新月异的城市化建设，麻田旧村已不复存在，取而代之的是高楼林立的现代化居住新区。沟通南北之将军大道、南京地铁S1号线亦穿越原麻田村境。旧日农耕桑麻之悠然时光一变而为江宁新区建设热土，唯有一九九八年兴建并命名、二〇〇七年维修改造的麻田路，东西长约一点七六公里、宽二十八米，西起韩府山下，东至顺翔西街，横穿原麻田村，保留了业已消失的古村地名之悠远记忆。

苎麻叶

链接：麻田、石马之名与明初陈善愿墓

一九九四年，文物工作者在原江宁东山镇石马村麻田自然村，发掘了一座大型砖室墓。墓室全长九点六米，前后室之间过道处设置有巨大的石门。据出土墓志，墓主为长兴侯耿炳文的夫人陈善愿。有趣的是，耿炳文因带兵攻打朱棣而死，朱棣夺权后，却以较高的规格礼葬了其妻陈善愿。据墓志记载，墓葬所在位置是『江宁县安德乡麻田村』，『麻田村』与『磨田寺』之名的先后年代由此确定。此外，麻田村所属的石马村，村东旧有明代石马一对，因此得名。根据陈善愿墓的方位来看，这对石马应当便是陈墓神道前的石刻。

坟头

南京作为十朝都会，人物殷阜，历史的积淀为这片土地留下了大大小小的陵墓坟丘。除了中山陵、明孝陵这样举世闻名的大陵园外，还有很多普通墓葬，或因墓葬规模狭陋，或因墓主地位平凡，并不为人所熟知。但有些墓葬或墓群，却以地名的方式在历史上留下了它们的痕迹。在今江宁区境内，以墓葬命名的各类地名有王家坟、王二坟、风波坟、坟山、娘娘坟等多处。坟头，便是其中一处深具意蕴的墓葬地名。

坟头村隶属南京市江宁区汤山街道，在江宁区人民政府东北方向约二十二公里处，西临九乡河上游，紧邻阳山碑材景区。坟头的由来，也正与这座未能完工的天下第一巨碑密切相关。

大明永乐年间，成祖朱棣为彰显其父朱元璋的赫赫功绩，同时消弭自己『靖难之役』得位不正的尴

阳山碑材全貌

尬，下令开凿规模前无古人的『神功圣德碑』，作为太祖之陵碑。诏令一发，官府便从全国征集了万余工匠，依京郊阳山南麓开凿碑材。碑材共分碑额、碑身、碑座三段，根据现存碑材判断，此碑当年若得以完工竖起，总高将达近八十米，重三万余吨，『碑如长剑青天倚』，诚可谓古今之伟观！但令人费解的是，工程并未完工，如今只留下这三段旷世巨材，令后人兴叹。

据明初学士胡广的《游阳山本业寺记》，这块『压倒唐汉惊羲农』的碑材，在不到两年时间内，便已初具规模，由此完全可以想见工匠开凿之艰辛。正如清代文人袁枚所作《洪武大石碑歌》中所云：『诏书切责下欧刀，工匠虞衡井中死。』据当地传闻，承担开凿工作的民工多为囚徒，朝廷规定每天必须凿石若干，完不成任务者，便会受到严酷惩罚，甚至引来杀身之祸。而死去的工匠，被葬于一处，日积月累，形成了一个大坟包，『坟头』之名，即由此而来。汤山一带将附近的村名串成了一句民谣：『东流到西流，锁石锁坟头。』另外，清代叶弈苞《金石录补》载：『江宁府麒麟门外坟头山中，有大石……土人云是明初孝陵碑料。』据此可知，阳山甚至一度也被称为『坟头山』，可见这座巨大的坟头给当地留下了多么深切的记忆。

《洪武大石碑歌》中对于工匠惨死的描述

中华人民共和国成立前后，此地一度形成街市，称为坟头镇。规模最盛时，曾有二百多户，约

明孝陵石象路

一千余人。坟头村也一度改名为前进村、阳山村，但『坟头』一名保留了历史的印记，数百年来已为当地村民所接受，不易随便更改，后遂恢复原名。

袁枚曾经感慨：『吁嗟乎！君不见项王拔、始皇鞭，山石何尝不可迁？威风一过如轻烟。惟有茅茨土阶三五尺，至今神功圣德高于天。』诚哉斯言！在传统帝制时代，中华大地曾诞生过多少雄才大略的君主，造就了多少宏大伟岸的工程，其背后又是多少民众难以估量的付出，然而到头来『威风一过』，还是轻若烟尘。唯有不事宫室营造、甘用『茅茨土阶』的尧舜，永远为后世所感怀钦佩。对于阳山碑材这处六百年前劳民伤财的『烂尾工程』而言，坟头的名字，确是最为刻骨铭心的纪念，也是中国帝王专制体制下，下层民众悲惨境况的典型象征。

链接：清·袁枚《洪武大石碑歌》

青龙山前石一方，弓尺量之十丈长，两头未截空中央。
旁有赑屃形更大，直斩奇峰为一坐，欲负不负身尚卧。
相传高皇开创气概雄，欲移此碑陵寝中，大书功德告祖宗，压倒唐汉惊羲农。
碑如长剑青天倚，十万骆驼拉不起。诏书切责下欧刀，工匠虞衡井中死。
芟刈群雄笞八荒，一拳顽石敢如此。周颠仙人大笑来，天威到此几穷哉！
但赦青山留太仆，胜扶赤子上春台。丁丁从此停开凿，夜深无复山灵哭。
牧竖宵眠五十牛，村氓昼晒三千谷。材大由来世莫收，此碑千载空悠悠。
昭陵石马无能战，汉代铜仙泪不流。
吁嗟乎！君不见，项王拔，始皇鞭，山石何尝不可迁？威风一过如轻烟。
惟有茅茨土阶三五尺，至今神功圣德高于天。

四维村

四维村，属南京市江宁区汤山街道古泉社区，在江宁区人民政府东北方向约二十四公里处。与常见的山水、姓氏村名不同，『四维村』一名是政治文化浸润下的产物。不过，与江宁大多数历史地名相比，四维村名的出现时间并不算久远，距今尚不足百年。这要从中国第一所炮兵学校——汤山炮兵学校说起。

民国二十年（一九三一），国民政府委派陆军少将张亮清担任筹备处主任，筹划成立陆军炮兵学校，通令全国的炮兵部队招收学员。同年十二月，炮校正式成立，后由蒋中正兼任校长。校址初设于南京三牌楼，次年迁往丁家桥三十三标营房。但是，位于市区的丁家桥无法满足军校特殊的教学与训练需求。在征询

陆军炮兵学校旧址

了汤山当地士绅唐庆昇的意见后，民国二十四年（一九三五），蒋中正决定将炮兵学校迁往东郊汤山地区，随后指派时任军政部长的何应钦负责勘测征地，由天津建隆营造厂、上海利源公司营造厂和姚记营造厂负责工程建筑。不久后，炮校的炮兵射击场、办公楼、礼堂、营房等主体建筑相继竣工。新建的炮兵学校规模宏大、气势磅礴。据学员裴学度回忆，欧美的炮兵学校，除了法国的枫丹白露陆军炮兵学校的建筑可与之媲美外，其余无出其右。学校的射击场地则有三四十平方里，号

称『亚洲第一靶场』。

民国二十五年（一九三六），为满足国民党军官与学校教职员工家属的居住需求，炮兵学校在侯家塘附近修建了家属住宅区。当时正值国民政府大力开展『新生活运动』之际，蒋中正非常推崇《管子》中所讲的『四维』：『国有四维，一维绝则倾，二维绝则危，三维绝则覆，四维绝则灭。倾可正也，危可安也，覆可起也，灭不可复错也。何谓四维，一曰礼，二曰义，三曰廉，四曰耻』，亦曾多次题写《管子》的『礼义廉耻，国之四维。四维不张，国乃灭亡』，赠予各政府机构与政军各界要人。因此『四维八德』等道德口号借助政治宣传的力量盛行于全国，以『四维』作为地名的风气亦一时兴起，炮兵学校这处新建的住宅区便顺乎潮流，以此命名。当时南京境内以『四维』命名之处，还有挹江门街道的四维新村，中山东路三条巷附近的四维里（一九五〇年改名为三一里）。如此，四维村这一儒雅的地名，既是对传统文化的传承，也是一段民国旧事的记忆载体。

中华人民共和国成立后，一九五六年炮兵靶场扩建，青龙山中几村的住户搬入此地定居，仍沿用『四维村』之名，成为古泉村（今古泉社区）下属之自然村。此后历属汤山镇、汤山公社、汤山街道，行政归属未有变更。直至今日，走进四维村，有关『礼义廉耻』的宣传标语仍随处可见，村民们对村名的由来也知之甚详。地名对于文化传承之深远影响，由此可见一斑。

『新生活运动』墙面标语

链接：『新生活运动』概况

『新生活运动』，指一九三四年至一九四九年民国政府推出的国民教育运动。该运动缘起于一九三四年二月蒋中正在南昌发表的《新生活运动发凡》演说。运动虽然标榜『新』生活，内容却是传统的伦理观念。『四维』即『礼义廉耻』是运动的中心思想，意在要求民众把『礼义廉耻』结合到日常的食衣住行各方面；『三化』即『生活艺术化，生活生产化，生活军事化』，则是具体的指导方针。运动的目的，在于能使人民改头换面，具备『国民道德』和『国民知识』，从根本上革除陋习。运动的立意颇为高远，不仅追求表面的市容清洁、谨守秩序，而且最终『要改革社会，要复兴一个国家和民族』。抗日战争期间，『新生活运动』在爱国宣传、物资动员等方面起到了一定的作用。一九四九年初，随着国民党在内战中节节败退，国民政府宣布新生活运动『暂停办理』。

索墅

索墅，今属南京市江宁区淳化街道，在江宁区人民政府以东十六公里处。江宁向东通往句容、溧阳的一〇四国道横穿索墅古镇而过。索墅最早见载于南宋《景定建康志》，当时称为索墅市，市有索墅坊，属上元县清化乡，去城五十里。由此可知，位于通衢大道旁的索墅很早便是一处商贸中心，至迟形成于宋代。

索墅一名之由来，可分而述之。索墅之『索』字，当是古人姓氏。清《同治上江两县志》称，『索墅传为索琳，郝墅因乎郝隆，皆无可考。』索琳为何许人物？《江宁县地名录》称是『宋时名人』，但此说不知何据。今爬梳史料，得与『索琳』相关者二人：一为清雍正时巡抚台湾监察御史索琳，系满洲镶红旗人，与江宁没有直接联系，时代也过于晚近。另有一姓名相近者为西晋名臣索綝。索綝字巨秀，敦煌人，官拜骠骑大将军、尚书左仆射、录尚书事。然从索綝生平及历官情况来看，这位索綝也与今江宁区无关。不过东晋建国前后，大量司马氏宗室和中原门阀大族纷纷迁居江南，索綝家族作为魏晋时期的世家，其族人或许亦在南迁之列，并有可能定居当时位于京郊的江宁。

索墅老地名石刻

索墅老人桥石刻

索墅老街

索墅之『墅』字，恰与北方移民有关。旧志往往认为，索墅或因昔人别业(墅)在此，故名曰墅。事实上，『墅』不应望文生义地理解为山野别墅。在江宁一带，『墅』实为常见的地名通名。现代地名专家在进行南京地名普查时，从清末民初的地图中发现淳化地区不少以『墅』、『边』为通名的村镇，当地人称为『九墅十八边』。地名学者认为这些『墅』多为北方移民建立的村落，以『墅』字寄予『居于野土，心怀故里』的情感。因此，不论旧志所载的『索琳』其人是否真实存在，也不论索氏族人究竟是在永嘉时期南渡还是在靖康以后南迁，索墅得名于索姓移民之观点，相对而言最具可能。

一九八五年，索墅砖瓦厂工人在挖方取土时，发现了一座古墓。经考古发掘后得知，这是一座双『凸』字形、穹窿顶的砖室墓，出土有『子晋平吴天下』等字样的铭文砖，可知墓葬时代为西晋平吴之后。墓内共清理出随葬器物二十七件，包括青瓷器六件、釉陶器十六件，其他铜镜、金指环、银手镯等器物五件。墓主人不详，应为中等地位的官吏。这座墓葬的出土，也证明了索墅地区的开发，至少可以上溯至六朝时期。

经过数百年的发展，索墅至清代设镇。中华人民共和国成立之初，设索墅乡。一九五七年，索墅并入淳化乡，从此成为淳化所辖行政村。作为千年古村，索墅现已发展为一千余户、三千多人口的大社区，可谓生机勃勃，历久弥新。

链接：索墅西晋墓砖铭

一九八五年发现的索墅西晋墓，部分墓砖四侧模印有花纹和文字，但正、背面均平素无纹。一侧面模印重菱纹，余三个侧面分别模印『姓朱江乘人居上描（太岁庚）』、『子晋平吴天下』、『太平』等字，书体近隶，可顺读成句，而句意带有明显的政治色彩，这在南京地区所出的六朝墓砖中极少见到。证以史实，孙吴后期，政治日趋腐败，国势剧衰。及至庚子年（二八〇）西晋平吴，通过一系列怀柔安抚政策，使孙吴旧地恢复了安定，经济也得以发展。由索墅墓砖铭文可见，吴地江乘朱氏亦为西晋平吴而唱起了颂歌。（参考南京市博物馆：《南京狮子山、江宁索墅西晋墓》，《考古》一九八七年第七期）

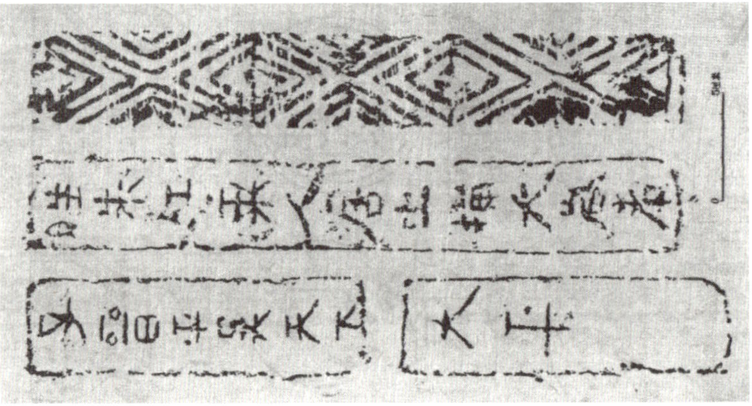

索墅出土西晋铭文砖

山阴村

山阴村，今属南京市江宁区禄口街道曹村社区，在江宁区人民政府以南约三十八公里处。今之山阴虽然仅为百余户之小村落，然而建村之始源，却与六朝时代煊赫三百载的天下高门琅琊王氏有直接关联。

琅琊王氏开基于两汉，魏晋之际渐列一流门第。王祥『卧冰求鲤』，以其孝行跻身后世『二十四孝』之列，王衍、王导先后位列西晋、东晋两朝丞相。东晋时期，琅琊王氏臻于极盛，与司马氏皇族并称『王与马，共天下』。王导之侄王羲之，为中国书法史上第一流大家，而江宁山阴村之肇基，便始于王羲之第五子王徽之。

王徽之(三三八—三八六)，字子猷，官至车骑参军、大司马参军、黄门侍郎。徽之生性高傲，放诞不羁，对公务并不热忱，时常东游西逛，曾有『乘兴而行，兴尽而返』的『雪夜访戴』轶事，广为传颂。王徽之以爱竹闻名于世，号称『何可一日无此君邪』。当时吴中某位士大夫家中有好竹，王徽之乘车前

民国『二十四孝』彩色版图《卧冰求鲤》

往，径至竹下，长啸咏叹，乃至忘了理睬竹子主人的迎接。此外，徽之与其弟献之感情甚笃，献之死后，徽之将琴掷于地上，称『人琴俱亡』。

山阴村当地村民收藏有四十余册的《王氏家乘》，记述了本村历史之由来。据谱载，王徽之曾与谢安『泛舟秦淮』，溯流而上，『忽见一山差小，观河流林木之蓊郁萦回，奇而乐之。子猷曰：「是亦不逊山阴兰亭之所，惜少竹耳。」』但是这一带『远隔驿道市尘，近涧小桥流水，可以君子居之』，因此徽之『营别业其下，植竹连墅，名其曰竹山』，『买田治宅舍，日与同志投壶、敲琴、赋诗』。其地在『建康城南百余里，铜山之东，石山之西』，即今山阴村一带。东晋太元年间（三七六—三九六），王徽之弃官后即隐居于此。此后王氏家族长期在此拥有别业。

山阴村的命名者王五四

至南宋末年，王羲之第二十三代孙王五四被罢官，『举家回迁铜阜别墅，而以邑名为其村，是为山阴村。』村名即来源于琅玡王氏家族南渡后在江南的聚居地之一会稽郡山阴县（今浙江省绍兴市）。明清时期，山阴村地属上元县道德乡。民国成立后，上元、江宁两县合并，其地遂属江宁。自五四公命名算起，山阴村之名至今已近七百五十年；若从王徽之隐居竹山算起，则村落开发史已有一千六百多年，可谓源远流长，古风氤氲。

现在的山阴村，王氏村民有一百二十余户、四百多人，连同附近五六个村庄，王姓多达三百余户、一千多口。按照取名辈分而言，从王羲之第四十五代孙『采』字辈到第五十三代孙『远』字辈，共九代同祠。山阴村作为江宁地区王氏一支发展的摇篮，也有众多村民迁徙远近各地。近者迁居至江宁和溧水境内的东岗头、庄湖村、冯家边、土庄头、小里村等十多个村落，大村上百户，小村数十户；远者还有迁往皖、苏、浙诸省之同宗。虽不能与中古时期王氏家族的地位相颉颃，但仍是绵延久长的『盛族旺派』。

链接：王徽之雪夜访戴

王子猷居山阴。夜大雪，眠觉，开室命酌酒，四望皎然。因起彷徨，咏左思《招隐诗》，忽忆戴安道。时戴在剡，即便夜乘小船就之。经宿方至，造门不前而返。人问其故，王曰：『吾本乘兴而行，兴尽而返，何必见戴？』（引自《世说新语·任诞》）

台北『故宫』博物院藏明周文靖《雪夜访戴》

业村

业村，分为前业村与后业村，属南京市江宁区禄口街道桑园社区，在江宁区人民政府以南约三十八公里处，其地为唐代宰相李泌后裔业氏家族匿迹于江宁横山的聚居地。

李泌（七二二—七八九），字长源，京兆（今陕西省西安市）人，是西魏六柱国之一徒何弼（李弼）的六世孙。自小被称作奇童。《三字经》中的『泌七岁，能赋棋』即指李泌。历仕玄宗、肃宗、代宗、德宗四朝天子。唐天宝年间（七四二—七五六），李泌上书论施政方略，深得玄宗李隆基的赏识，遂令其待诏翰林，为东宫属官。后为宰相杨国忠所忌，归隐名山。安史之乱爆发后，肃宗于灵武（今宁夏灵武市）仓促即位，召李泌参谋军事。其后又为幸臣李辅国等诬陷，再次隐居衡岳。代宗即位，复召李泌为翰林学士，后外出任官。至德宗时，李泌回朝拜相，官至中书侍郎、同平章事。担任宰相期间，他在治理国家方面颇多建树，被封为邺侯。因喜穿白衣，世称其为『白衣丞相』。贞元五年（七八九）李泌去世，年六十八。李泌一生博涉经史，精究《易象》，善属文，尤工诗，喜谈『神仙诡道』。著有《李泌集》

清道光瓷壶上所绘李邺侯

二十卷，惜已散佚。

邺侯李泌去世后，其子李繁居于封地邺（今河南省安阳市）。至第三世孙李键、李钺时，因避五代之乱，迁居邺之西乡，筑『思邺堂』，并将李姓改为『邺』姓，后径称为『业』。北宋末年，业氏第二十一世孙业旭公随宋高宗赵构南渡江左，先居建康城外之钟山，后因不满宋室偏安之现状，遂隐居于江宁横山北麓。后人生息繁衍，由此逐渐形成了业村。据清末陈作霖《金陵通传》卷二十四记载，至清代横山业氏已繁衍至千余户，自云李邺侯后裔，曾有大业、前业、后业三村。

业氏居民至今保存着传承久远的《业氏宗谱》，是江宁区现存宗谱中较为完整、价值较高者。该宗谱始修于南宋淳熙二年（一一七五），记载了业氏始祖李泌及其后代的世系、世表、源流、宗派、祠规、家训、著作。至民国三十七年（一九四八）最近一次修谱，业氏共有将近八百年的修谱史，历代有不少名人都曾为其宗谱作序或题词，清代诗人袁枚还曾为之题诗。二〇〇八年初，前、后业村的业氏后裔根据宗谱中祠堂旧样重建业氏宗祠，并再次续修了宗谱。业村传承千年的家族记忆，也再一次得到了延续。

位于南岳衡山的邺侯书院

链接：『泌七岁，能赋棋』

（李）泌既至，帝方与燕国公张说观弈，因使说试其能。说请赋『方圆动静』，泌逡巡曰：『愿闻其略。』说因曰：『方若棋局，圆若棋子，动若棋生，静若棋死。』泌即答曰：『方若行义，圆若用智，动若骋材，静若得意。』说因贺帝得奇童。帝大悦曰：『是子精神，要大于身。』赐束帛，敕其家曰：『善视养之。』（引自《新唐书》卷一百三十九）

牧龙

牧龙，位于南京市江宁区江宁街道境内，在江宁区人民政府西南约四十公里。牧龙西有长江黄金水道，北有牧龙河自东向西注入长江，中有宁芜铁路、宁马高速、二〇五国道南北穿过，东枕绵绵青山，南有省道汤铜线环绕，堪称绿水青山、水陆通衢之地。牧龙之渊源，可上溯至南宋中期以前；而牧龙之闻名，则与『大名鼎鼎』的南宋奸相秦桧息息相关。

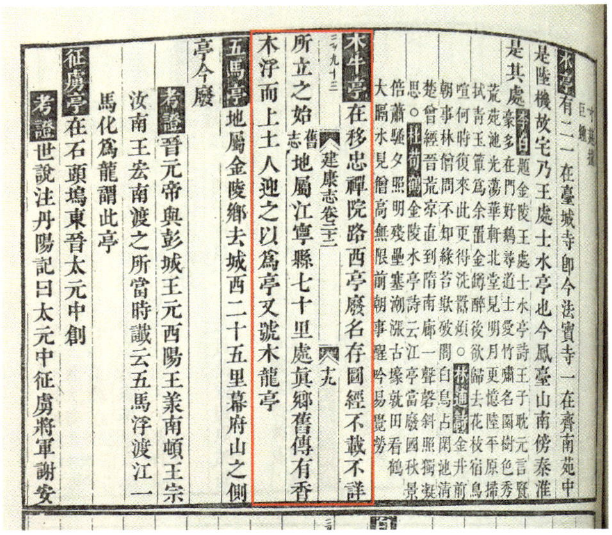
水亭有二一在臺城寺即今法寶寺一在齊南苑中
是陸機故宅乃王處士水亭也今鳳臺山南傍秦淮
是其處 考證 李白題金陵王處士水亭詩王子耿元言賢
豪多在門好鵝尋道士愛竹嘯名園樹色秀
荒苑池光蕩華軒北堂見明月更憶陸平原掃
拭青玉簟爲余置金罇醉後欲歸去花枝宿鳥
喧何時復來此更得洗囂煩。林逋詩金井前
朝事林館問不知緣苔欺破閣白鳥占闌池清
楚曾經晉荒凉直到隋南廊一聲磬斜照獨凝
思。杜荀鶴金陵水亭詩云江亭當廢國秋景
倍蕭騷夕照明殘壘寒潮漲古壕就田看鵝
大屬水見僧高無限前朝事醒吟易覺勞
木牛亭在移忠禪院路西亭廢名存圖經不載不詳
《建康志卷二十二》九
所立之始 舊志 地屬江寧縣七十里處眞鄉舊傳有香
木浮而上土人迎之以爲亭又號木龍亭
五馬亭地屬金陵鄉去城西二十五里幕府山之側
亭今廢
考證 晉元帝與彭城王元西陽王羕南頓王宗
汝南王宏南渡之所當時讖云五馬浮渡江一
馬化爲龍謂此亭
征虜亭在石頭塢東晉太元中創
考證 世說注丹陽記曰太元中征虜將軍謝安

《景定建康志》所记木牛亭

民间传闻，牧龙镇是因清乾隆皇帝下江南留下感叹『此处风水可牧龙』而得名的，其实牧龙之名远远早于清代，得名于木牛亭。据南宋《景定建康志》记载，木牛亭，又号木龙亭，原位于移忠禅院路西，『地属江宁县七十里处真乡』。至南宋景定时该亭已废，仅存地名。《景定建康志》引旧经云，『《图经》不载，不知其所立之始。』宋代旧传，此地曾有香木浮而上，乡人迎之以修亭。可见『木』当为『牧』之本字，同音相通。后代志书不详究竟，称其为『古牧放之所，亦作牧牛』。至于地名中为何将『牛』与『龙』混用，旧志皆不载，已难探究。旧志中还提到，同在『城南七十里处』，还有一处『木龙桥』，当在木龙亭附近。清代在此地设有集镇，称牧龙亭镇，民国时期改称牧龙镇。二十世纪五十年代划属铜井乡，后改属江宁镇。二〇〇一年，原牧龙、陶村、共和三村合并成为新的牧龙村。二〇〇五年四月村驻地牧龙镇因滨江开发区建设拆迁，同年十月，村改为社区。

牧龙屡屡见载于史志，多与秦桧墓有关。据南宋岳珂《桯史》记载：『金陵牧牛亭，秦氏之丘垄在焉。有移忠、旌忠寺，相去五里，金碧相照。』可见在南宋中后期，『牧牛』之名已经出现。岳珂『尝过其地』，看到秦桧墓前有宋高宗亲题『宸奎』，亦有神道碑屹立，但是『有其额而无其辞』，碑身未镌一字。无字的缘故，是因秦桧其人其行遭时人唾弃，『当时将以求文，而莫之肯为，今已矣。』又牧牛亭之名虽源自木牛，但是到了南宋后期，其地却真成了牧牛之牧场。南宋诗人杨万里路经此地，在《宿牧牛亭秦太师坟庵》诗中写道：『今日牛羊上丘垄，不知丞相更嗔不？』借助牧牛亭之地，诗人对秦桧生前炙手可热的权势进行了嘲讽。

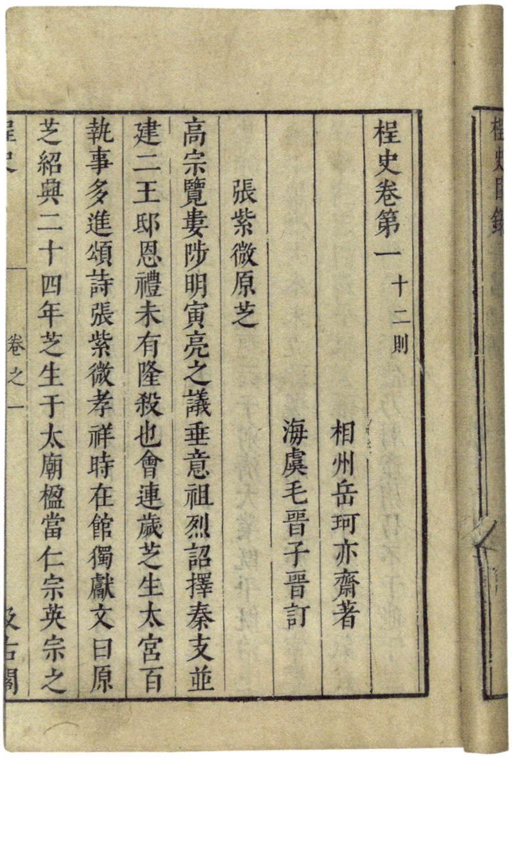
桯史卷第一　十二則
相州岳珂亦齋著
海虞毛晉子晉訂
張紫微原芝
高宗覽婁陟明寅亮之議垂意祖烈詔擇秦支並
建二王邸恩禮未有隆殺也會連歲芝生太宮百
執事多進頌詩張紫微孝祥時在館獨獻文曰原
芝紹興二十四年芝生于太廟楹當仁宗英宗之

岳珂《桯史》书影

此后，秦桧墓在历代不断遭受破坏。蒙元灭宋之际，『元兵渡江屯墓侧，兵士践溺，呼为秽墓。』明代周晖《续金陵琐事》记载，明成化二十一年（一四八五），江宁人盗掘秦桧墓，事发被抓后，却并未严惩：『秦桧墓在江宁镇，岁久榛芜。成化乙巳秋八月，被盗所发，获货贝以巨万计。盗被执，而司法者末减其罪，恶桧也。有蔡西圃名昂，历事大理，亲阅囚牍，为作诗以快之。』清代甘熙所著《白下琐言》也提及此事。明正德年间（一五〇六—一五二一），秦桧墓前翁仲犹存，但往来行人过之，无不指唾。秦桧墓地历经沧桑，至清中期已『湮没无传』。而今房舍林立，地面古迹无存，早已寻觅

秦桧家族墓考古发掘场景

不到当年的坟冢。

另外，关于秦桧墓的位置，《景定建康志》尚有不同说法：『太师秦桧墓，在牛首山，去城十八里。』不过，岳珂、杨万里皆曾亲历秦桧墓地，其时距秦桧去世并不久远，且细节记述颇详，故牧龙之说当较《景定建康志》的说法更为可信。《白下琐言》亦对此有所辨析：『今牛首去城三十里，何云十八？而近城之山，别无名牛首者，其误可知。且其第三十七卷《文籍志》引杨诚斋《宿木牛亭秦太师坟庵》诗七律一首，正复自相矛盾。桧墓在木牛亭，实有明征也。』

一九八六年，南京市博物馆在牧龙附近清理了两座宋墓，依据出土文物及墓葬规模等信息，专家认为两墓属于秦桧家族墓葬，推测其墓主人为秦桧之孙秦堪、秦埙。二〇〇六年，在附近清修村又发现三座曾遭盗掘的古墓，呈品字形结构分布，南京博物院对其进行了抢救性发掘，出土的墓志铭证实其为秦桧之子秦熺及夫人曹氏、郑氏之墓。由此，更可证实秦桧墓确在牧龙一带。

有关调查显示，今天的江宁牧龙尚有徐氏一族世居于此。其祖先即是为秦桧守坟的秦氏族人，因羞于秦姓，便改姓为徐。而之所以把秦姓改为徐姓，传说是因为『秦』、『徐』二字拆解开来都是『三人加一禾』，似蕴含着既避秦姓、又并未忘祖之意。若传说属实，倒是印证了秦代南京籍状元秦大士所作的名联：『人从宋后羞名桧，我到坟前愧姓秦。』

链接：秦钜父子义烈，抗金殉国

秦桧之恶名昭著，无须赘言。虽在南宋高宗赵构一朝，两据相位，历封秦、魏两国公，卒赠申王，谥忠献，及至宁宗赵扩开禧二年（一二〇六），乃被追夺王爵，改谥谬丑。令人深思的是，秦桧之后，亦有秦钜父子，英勇抗金，壮烈殉国。按秦钜为秦桧养子秦熺后代。秦熺本为秦桧妻兄子，桧以为嗣。秦钜父子事迹，《宋史》卷四四九《忠义传》记载：『秦钜字子野，丞相桧曾孙。通判蕲州。金人犯境，与郡守李诚之协力捍御。求援于武昌、安庆，月余，兵不至。策应兵徐挥、常用等弃城遁。城破，钜与诚之各以自随之兵巷战，死伤略尽。钜归署，疾呼吏人刘迪，令火诸仓库，乃赴一室自焚。有老卒见烟焰中著白战袍者，识其钜也，冒火挽出之。钜叱曰：「我为国死，汝辈可自求生。」掣衣就焚而死。次子浚先往四祖山，兵至亟还，与弟濬从父偕死。特赠钜五官、秘阁修撰，封义烈侯，与诚之皆立庙蕲州，赐额褒忠，赠浚、濬通直郎，赙以银绢各二百。』

秦钜画像

白都湖

白都湖，今属南京市江宁区江宁街道盛江社区，在江宁区人民政府西南约四十公里处。白都湖原为江宁境内小湖，附近村落即以湖名，其地名之渊源则可远溯至东汉末年。

在历史文献中，白都湖始见于南宋。据《景定建康志》记载：白都湖『在城南七十里，周回八里，溉田二十五顷，西连白都山。』可见湖名应当源自白都山之山名。《景定建康志》又引南宋《乾道建康志》称：白都山『周回五百步，高二十丈，西临大江』。如今，白都山亦称柏都山，在江宁陈塘村境内。据南朝梁陈顾野王《舆地志》记载，东汉时期，道教四大天师之一葛玄的弟子白仲都，『于此山学道，白日飞升，因以为名』。三国东吴时期，权臣孙峻派遣骑督刘承追斩诸葛恪之子、诸葛亮之侄孙诸葛竦于白都，事见《三国志》卷六十四。山下旧有仲都祠，又名资圣院，始建于梁武帝时期，以祭祀白仲都之灵位，故又俗称『白都院』。据北宋《太平广记》记载，其祠与坛在当时仍存。至宋元时期，白都湖、白都山附近之聚落称作白都里，属江宁县惠化乡所辖。

梁武帝时期，修建了仲都祠

所谓『山不在高，有仙则名』，自白仲都之后，白都山多有隐士栖居。正是由于白都山濒临大江，又独具『仙气』，如此小丘，历代咏叹者却也不少。北宋后期，郎中朱世英在白都庄建别墅以自居，并与王安石以诗相唱和。王安石有《题朱郎中白都庄》诗云：『潇洒桐庐守，沧洲寄一廛。山光隔钓岸，江气杂炊烟。藜杖听鸣橹，篮舆看种田。明时须共理，此兴在它年。』诗中的白都庄，兼具江湖之远与田园之朴，寄托了王、朱二人跳脱尘世的情怀。宋人杨修之有《金陵览古杂咏十首》，其一即为《白都山》：『驾鹤骖鸾自古闻，策名仙籍是真君。天边旧迹无寻处，满目青山空白云。』又宋人苏泂《金陵杂兴二百首》中有一诗云：『忆杀仙人白仲都，江边遗迹尚楼居。骖鸾翳凤如容我，拜作先师定肯无。』

据明代顾起元的《客座赘语》可知，至明代中后期，白都湖等一批湖泊已经『类堙为田地』。如今，白都湖虽残迹尚存，白都山却渐为世人所淡忘。随着城市化改造，白都湖自然村亦仅存一地名，其旧地现已变为工业区，空余白仲都登仙的传说，长久流传在历代的诗文吟咏之中，为后人所追思遐想。

白都湖今貌

链接：魏晋南北朝史上的两位白仲都

魏晋南北朝时代，曾有两位同名同姓的白仲都见载于史册。除了汉末孙吴时期葛玄弟子白仲都外，北魏时期亦有一位白仲都。当时在两淮地区，北朝设置有大量兼统军政的戍主，其中白仲都便是北魏的竹邑戍主。后来在北魏与南齐双方交战的过程中，白仲都为南齐将领崔文仲的手下斩杀。

大世凹

大世凹，又名世凹村，地处牛首山西麓，属南京市江宁区谷里街道周村社区，距江宁区人民政府西南约十五公里处。世凹是一个占地四十多公顷、仅五十八户人家的小村落，却号称为『牛首文化第一村』，云蒸霞蔚，古风盎然。

世凹村之『凹』，为江宁古村落中常见的通名，凡地貌特征为群峦环抱之处，即可称为『凹』。牛首山四周即有周家凹、赵家凹、蒲塘凹、山凹、史家凹等多处以『凹』命名的聚落。世凹之『世』，则原本写作『师』。世凹曾为抗金英雄岳飞驻军之地，『师』指的便是赫赫有名的岳家军。南宋建炎四年（一一三〇），岳飞奉旨收复建康城，曾在牛首山与金兵大战，迫使其败退至长江以北。为巩固战果，稳定江南政局，岳飞率部驻扎在牛首山西麓。他一边在山下加强军事操练，一边组织将士在山上构筑了长约五千米的蜿蜒起伏的抗金石垒。由于驻军的地方属于山凹地形，人们便将此地称为『大师凹』。后人同音讹写，改『师』为『世』。

岳飞画像

汤显祖画像

世凹村居民大多以汤姓为主，这与明代著名戏曲家汤显祖有关。汤显祖曾在南京为官近十载，先后担任太常寺博士、詹事府主簿和礼部祠祭司主事等职。当时的留都南京是人文荟萃之地，诗文家、戏曲家等云集，可谓天下文枢。汤显祖闲余暇日，常约三五知己游山玩水。曾往秦淮河观灯醉酒，也曾登临牛首山踏青赏春。汤氏所作《登献花岩芙蓉阁》，描绘的便是牛首一带的景致：『木末芙蓉出，花岩草树齐。陵高诸象北，江白数峰西。』据当地村民传闻，汤显祖在牛首山一带置办有房产。后来，汤氏家仆世代留守，居住于此，繁衍生息，遂成为世凹村一大家族。

世凹村内青砖巷道，白墙黛瓦，一派徽式建筑风格。四周青山叠翠，山雾掩映，春桃、夏荷、秋桂、冬梅，四季争艳，山、水、林、居融为一体。特别是村旁的桃花山，初春时节，漫山芬华。当地盛传有桃花姑娘舍身救人的传说，村民们感念桃花姑娘之德，于是在山上山下广植桃花以为纪念。每到春天，漫山遍野桃花盛开，紫陌红尘，芳菲满园，好似陶渊明笔下世外桃源的美景，遂有『世凹桃源』的美誉。

二〇一一年，大世凹由江宁区政府统筹改造，打造成为『美丽江宁』休闲游、农家乐的主题乡村，确立为江宁区都市生态休闲农业示范村的『五朵金花』之一。亲山近水优势，令大世凹拥有融和山、水、林、居为一体的江南田园风光。如今，漫步世凹村中，远离都市喧嚣，邂逅明媚春光，涤荡尘世烦恼，登临桃花山顶，东望牛首烟岚，远眺『秀宇层明，松岭森阴』的幽远，近观『绮馆绣错，飘渺玲珑』的静雅，诚不负『世凹桃源』之美誉。

世凹村之徽派建筑

链接：岳飞收复建康府

南宋建炎三年（一一二九）十月，在完颜宗弼（金兀术）的率领下，金兵分路南侵。十一月，金兵破和州，自马家渡（今江宁区西南界）过长江，进逼建康城下，建康留守杜充弃城逃往江北，建康降金，建康通判杨邦乂不屈，被剖腹取心。十二月，金兵破临安（今浙江省杭州市），高宗赵构逃往温、台沿海。

次年（一一三〇）三月，金兵北返途中，被韩世忠围困于今南京与镇江之间的黄天荡江面，双方相持达四十八天。四月，完颜宗弼『因老鹳河故道开三十里通秦淮，一日一夜而成，宗弼乃得至江宁』。而与此同时，统制官岳飞于陆路邀击金兵，在建康城南三十里的清水亭首战大捷，金兵横尸十五里。随后岳飞在牛首山、将军山一带扎营，构筑壁垒。五月，完颜宗弼先在建康城中大肆杀掠和破坏，然后从建康西北的靖安镇（亦称龙湾，今南京下关一带）向北岸的宣化镇（今南京浦口一带）渡江。岳飞率领骑兵三百、步兵二千于靖安阻截，斩杀三千余金兵，擒获万户、千户军官二十余名，收复建康。建康战役历时半月，为岳家军抗金战史上的首次辉煌胜利。

俯瞰大世凹

杨柳村

杨柳村，今属南京市江宁区湖熟街道杨柳湖社区，在江宁区人民政府东南约十四公里处。村庄依山傍水，北靠马场山，前临杨柳湖，富有浓郁的江南水乡特色。杨柳村为二〇一四年住建部和国家文物局公布的第六批中国历史文化名村之一，列入第二批中国传统村落名录。村中所保存的古民居群，规模之大，营造之巧，以及建筑保存程度之完好，为南京地区所罕见。

杨柳村其地，平衍肥沃，水域广阔，开发颇早。杨柳村北约四百五十米，有周代土墩墓一处，墩高约五米，底径约二十八米，地面偶见陶瓷碎片。二〇一三年，杨柳湖社区花园山附近曾发掘清理了一处墓群，年代上至东汉晚期，中历东晋、北宋，下至明清，历代墓葬相互叠压打破，排列密集。由此可知，从先秦至汉末三国，已有先民在杨柳村一带生息繁衍。当地亦传村后马场山曾为吴大帝孙权牧马处。

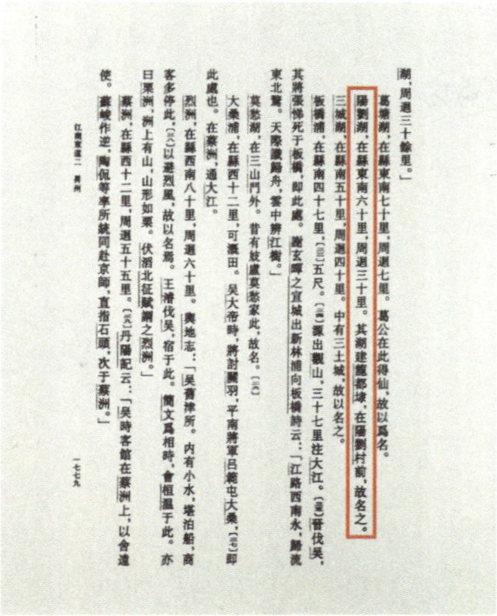
湖，周迴三十餘里。」
葛塘湖，在縣東南七十里，周迴七里。葛公在此得仙，故以爲名。
陽劉湖，在縣東南六十里，周迴三十里。其湖建鄴都埭，在陽劉村前，故名之。
三城湖，在縣南五十里，周迴四十里。中有三土城，故以名之。
板橋浦，在縣南四十七里，〔三三〕五尺。〔三四〕源出觀山，三十七里注大江。〔三五〕晉伐吴，其將張悌死于板橋，即此處。謝玄暉之宣城出新林浦向板橋詩云：「江路西南永，歸流東北騖。天際識歸舟，雲中辨江樹。」
莫愁湖，在三山門外。昔有妓盧莫愁家此，故名。〔三六〕
大桑浦，在縣西十二里，可溉田。吴大帝時，將討關羽，平南將軍呂範屯大桑，〔三七〕即此處也。在蔡洲，通大江。
烈洲，在縣西南八十里，周迴六十里。輿地志：「吴舊津所。內有小水，堪泊船，商客多停此，〔三八〕以避烈風，故以名焉。王濬伐吴，宿于此。簡文爲相時，會桓温于此。亦曰栗洲，洲上有山，山形如栗。伏滔北征賦謂之烈洲。」
蔡洲，在縣西十二里，周迴五十五里。〔三九〕丹陽記云：「吴時客館在蔡洲上，以舍遠使。蘇峻作逆，陶侃等率所統同赴京師，直指石頭，次于蔡洲。」
江南東道二 昇州
一七七九

《太平寰宇记》中记载的阳刘湖、阳刘村

杨柳村老地名石刻

杨柳村一名，颇具诗情画意之气质。从文献记载看，其得名可溯源自宋代之『阳刘村』。据北宋《太平寰宇记》记载：『阳刘湖，在县东南六十里，周回三十里。其湖建龙都埭，在阳刘村前，故名之。』阳刘湖即今杨柳湖。至于『阳刘』之名究竟如何解释，有观点认为或因村在马场山之阳，早期居民又以刘姓为主，故名。可备一说。

但是自南宋《景定建康志》以降，历代志书中杨柳湖名皆作『刘阳湖』、『刘杨湖』，此诚如民国夏仁虎《秦淮志》的分析：『刘阳、杨柳，音同而倒也。』及至明嘉靖年间成书的《南京太仆寺志》中，录有『杨柳场』，其址在今杨柳村与郭村之间；另外明万历时已有『杨柳佘氏』之说。据此二者可知，『杨柳』二字最晚到明中晚期即已定型。清《同治上江两县志》中，『杨柳郱』一名首见于志书，此后沿用至今。

俯瞰杨柳村

杨柳村原有前、中、后三个自然村，呈东西长、南北窄的平面布局。中、后村旧宅于清咸丰年间毁于兵燹，仅余前村。此后，后杨柳重建，而中杨柳遂废。村中主要分布有朱、刘、时、赵四大家，以朱姓为最多。据清光绪《朱氏宗谱》记载，世居溧阳南渡的朱氏家族，其六世祖朱武公首先移住句容陡门口，至万历七年（一五七九），七世祖朱孔阳听从句容令丁宾之劝说，避讼外迁，定居杨柳村。《句容县志》、《丁清惠公遗集》亦可印证《朱谱》之说。至于《南京地名大全》所谓『《朱谱》称，元至正间名杨柳村』，又《江宁县地名录》所谓『谱载，元末称杨柳村』，今检清光绪《朱氏宗谱》未见其文，不知何据。至今，杨柳村朱氏已延续至第十六代。今杨柳前村之明清宅院，即为朱氏家族历代经营之硕果。

另外，该村村名又写作『杨留村』、『阳留村』、『羊留村』。前者亦见于《朱谱》，后两者皆得自村民口述：相传，朱孔阳出走陡门口，行至杨柳湖畔时，先是挑担的担绳崩断；饭后洗碗，又失手将碗滑入湖中（一说是饮水时瓢落井中），于是叹曰『天留我也』，遂定居此地，故称『阳留』；还有村民说，朱孔阳是带着一只羊留下来的，故名『羊留』。其实，从地名得名原理推测，『阳刘』、『杨留』、『阳留』、『羊留』、『杨柳』，盖为同音异写，原无实义上的差别。不过这些富有传奇色彩的民间传说，也为杨柳村的民俗文化增添了颇多玄妙的轶事。

如今，令杨柳村闻名于世者，是村中号称『九十九间半』的古民居群。全村原有明清宅院三十六处，共计一千四百零八间、三万八千零一十六平方米。现保存比较完整的有十七处，每处宅院都有雅致的堂名，如翼圣堂、四本堂、树德堂、恩承堂等。同为江南民居，杨柳村古建筑群较之徽派建筑的张扬，更显内敛与书卷之气，独具南京地域特色。匠心独运的门楼雕刻是杨柳村民居的重要看点。十余座门楼题额各不相同，包括『出耕入读』、『居安由正』、『由斯直步』、『行仁履义』等，无不浸润着儒家文化的色彩，实为传统建筑『人文化成』之典范。二〇〇二年杨柳村古建筑群被列为省级文保单位，二〇一二年又提升为全国重点文保单位。『人在杨柳村，宛若画中游』，绝非虚言。

链接：『九十九间半』

在中国建筑的传统术语中，以两柱之间的空间称作一『间』。江南各地有不少古宅都号称『九十九间半』，其中南京也有多处，著名者包括城南的甘家大院、佘村的潘氏宅院、杨柳村的朱氏宅院等。

坊间一般认为，紫禁城中有房屋『九千九百九十九间半』，曲阜孔府则号称『九百九十九间半』，而民间修筑私宅最多不能超过『九十九间半』。这『半』间既表示未满百数的谦抑，又暗含仅剩半步就臻于极盛的得意。因此，『九十九间半』实际是用来形容某处宅院为民居规模之最的意思。而若仔细探究，这些名宅大院的实际间数，其实往往超过了所谓九十九间半，如杨柳村朱氏民居，仅现存部分便远远超过了此数。

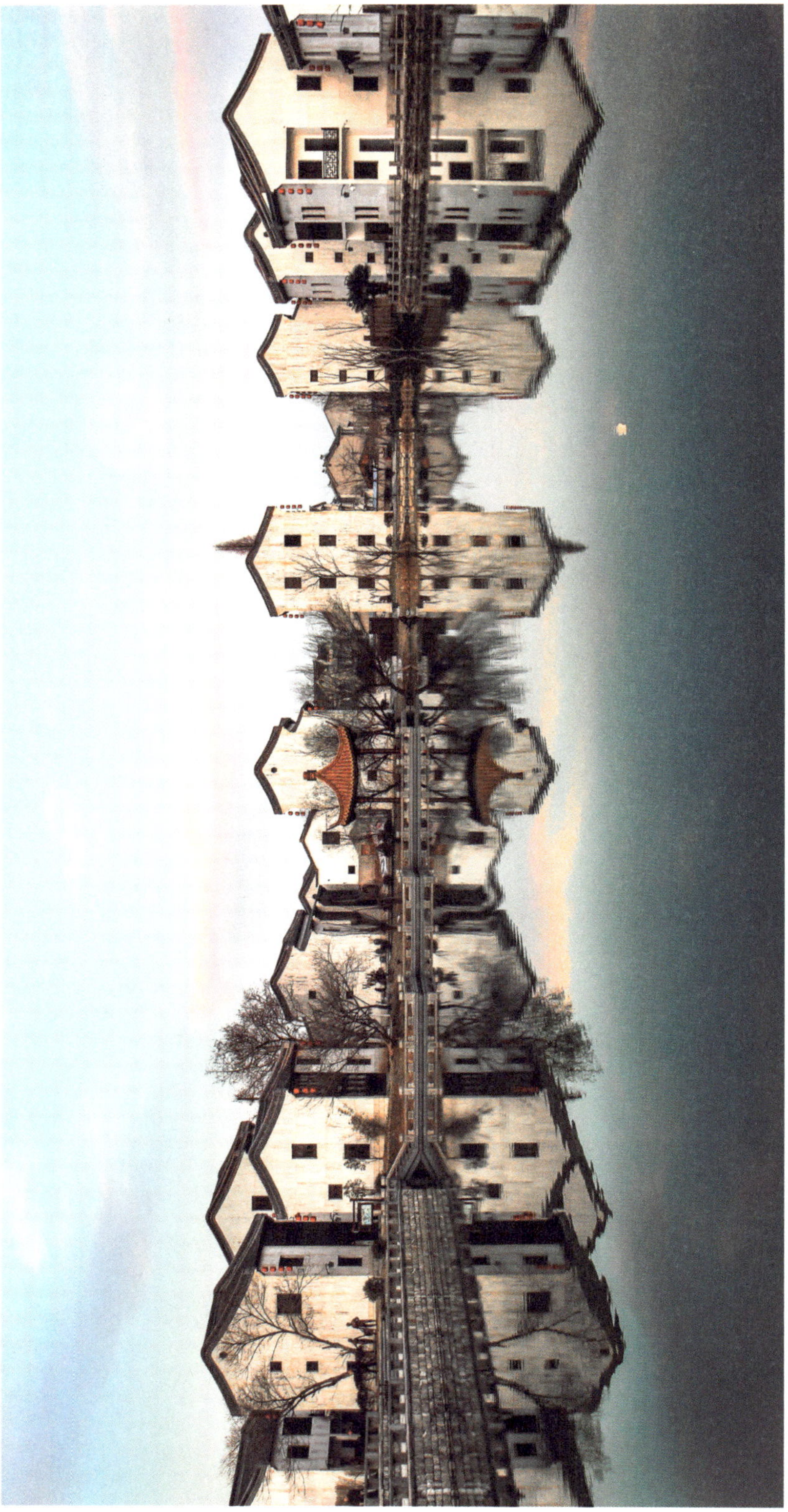

杨柳村民居

杜桂

杜桂，南京市江宁区湖熟街道丹桂村所辖自然村，距江宁区人民政府约二十五公里，地处赤山边，靠近江宁与句容之边界。

杜桂之名，源自杜、桂二姓。清代甘熙在《白下琐言》中分析道：『二姓名村，犹之朱陈也。』爬梳史料，『杜桂村』之村名在南宋时已确见于文献。但杜、桂二姓所指为何人，碑志中却有不同的记载。

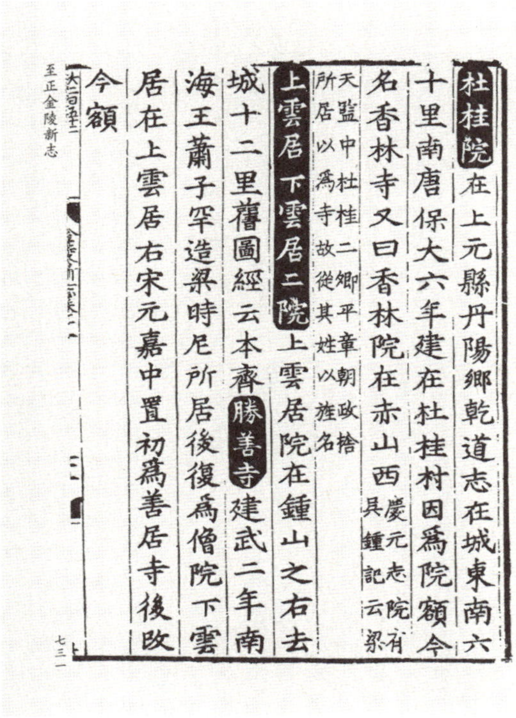
杜桂院在上元縣丹陽鄉乾道志在城東南六十里南唐保大六年建在杜桂村因爲院額今名香林寺又曰香林院在赤山西慶元志院有吳鍾記云梁天監中杜桂二卿平章朝政捨所居以爲寺故從其姓以旌名

上雲居下雲居二院上雲居院在鍾山之右去城十二里舊圖經云本齊勝善寺建武二年南海王蕭子罕造梁時尼所居後復爲僧院下雲居在上雲居右宋元嘉中置初爲善居寺後改今額

至正金陵新志 七三一

《至正金陵新志》所记杜桂院

村中旧有杜桂院，这是了解杜桂村历史的重要依凭。据元《至正金陵新志》引南宋《庆元建康续志》云：『（杜桂）院有吴钟记：「梁天监中，杜、桂二卿平章朝政，舍所居以为寺，故从其姓以旌名。」』依据此说，杜桂在南朝梁时已有高官宅邸。然而所谓『杜、桂二卿』，并不见于《梁书》、《南史》等正史记载，其真实性尚待确认。同时，《至正金陵新志》又引南宋《乾道建康志》云：杜桂院『在城东南六十里，南唐保大六年建』，又清《同治上江两县志·艺文志》录有杜桂村所存『保大六年杜桂二姓愿钟记』。由此推测，杜桂院应是南唐保大六年（九四八）由杜、桂二姓舍宅施建的，而杜桂村之得名，亦应追溯至南唐。自宋元以来，杜桂皆属上元县丹阳乡湖熟镇。

及至明代，杜桂院依然存在，但已更名为香林寺，又称香林院。据明《金陵梵刹志》的著录，该寺为小刹，隶属湖熟法清院统领。北至法清院十五里，西至南京正阳门（今光华门）八十里。其规模为佛殿三楹、左伽蓝殿一楹、僧院四房。寺院基址共三十亩，『东至长塘，南至陶家田，西至本寺桥，北至中桥。』香林寺规模虽然狭小，但香火鼎盛，著名的『湖熟八景』之一『香林晚钟』即指此地。每至寺院晚课，钟声悠远，农民、商家闻声便结束一日的劳作。

除了古刹杜桂院，杜桂村口今存明代单孔石拱桥一座，名曰杜桂桥。该桥南北向横跨荷花沼水之上，桥长十七米，宽三点六米，净跨二点六七米，矢高一点七米。桥面由青石板铺砌而成，上有龙头龙尾，两侧无栏板。杜桂桥作为江宁区现存为数不多的明代古桥，已被列为区级文物保护单位。

虽然本村得名于杜、桂二姓，不过在今天的杜桂村中，陶姓早已成为最大的家族。据陶氏的家谱记载，杜桂陶氏属于禄口昝巷陶氏分支。明万历四十二年（一六一四），郑鄤路过杜桂村，后来在其自叙年谱中写道：『村名杜桂，以前朝有杜、桂两相得名，今更无此二姓矣。惟陶氏最盛，相望五六村，皆一姓也。』又据甘熙《白下琐言》记载：『通济门外东南乡，有杜桂村，陶氏居之，族甚繁衍，富者居多。』甘熙在书中还提到，相传陶氏之兴旺，与陶氏先祖选择了『富穴』安葬有关，故能『丁蕃而巨富』。如今杜桂村中仍可见陶氏宗祠

杜桂桥

旧址，其建筑一度被改建为丹桂中学，今已废弃，仅剩残余的门脸部分。

清末民国时，杜桂村还有过一种名为『跌跤跤会』的独特民俗，是清末太平天国战争结束后逐步发展起来的一种民间集体舞蹈。据说在太平天国运动失败后，有陶、李、茅、徐四位原籍贵州的太平军流落到此，他们结拜为兄弟，并在此定居。某年正月初三，四家人聚会饮酒，席间竖起太平军旗，以抒发怀旧之情，因心中愤懑，饮至大醉，跌落于地，旗杆也被跌断。以后每年正月初三，他们都聚会饮酒跌跤，渐渐成为全村人参加的民间娱乐。再到后来，这一民间娱乐又发展为从正月初三至十八的系列表演，其程序为：初三起会，饮酒；十二日出会，全村一二百人到邻村进行锣鼓表演；十八日休会，先饮酒，然后扛旗赴村外五百米的香林寺，途中进行跌跤表演；到寺庙前，举行以保平安、保丰收等为内容的『读十保』仪式，读毕杀鸡祭神；最后是耍龙旗表演，锣鼓队在旁助威。这一民间祭舞活动曾在湖熟镇颇有名气，一九四九年后不再延续。

曾经铭记着杜桂人历史记忆的香林寺、陶氏宗祠与『跌跤跤会』，如今早已渐行渐远，淡出了村民的视线，唯有村口那屹立五百载的杜桂石桥，依稀见证着这座千年古村旧时的喧嚣与宁静。

链接：『湖熟八景』之现状

一、梁台映月：湖熟镇东北有高约三米之高台，传说其地为梁昭明太子读书处。抗战时期，台上古迹悉为侵华日军所毁。

二、太湖秋雁：梁台东北，有湖广植莲藕，旧称小太湖。现已围垦殆尽，尚有二百余亩湿地，称『碗儿荡』。

三、香林晚钟：杜桂村原有香林寺，钟声悠远，远近闻名。抗战时期该寺受到严重损毁，一九六六年被彻底拆除。

四、赤峰晴雪：湖熟镇东九公里有赤山，又名绛岩山。山北有大片赤色砂岩裸露，冬雪初霁时，赤白交辉。

五、秦淮渔笛：湖熟濒临秦淮上游，旧时渔家每日晚归后，常泊船于灵顺桥下，饮酒作乐，吹笛相和。

六、秦淮古渡：湖熟正当渡口，在灵顺桥附近，曾有石门额书『秦淮古渡』，抗战时期，石桥被炸毁。一九七七年重新建造为水泥桥。

七、古城春色：湖熟旧为县治，水北街头有一座古城门，附近曾有六角亭，最宜游人赏春。城门与六角亭皆毁于抗战中。

八、孤灯夜照：西竹排巷附近曾有龙王庙，正对灵顺桥。旧时庙中点有长明灯，以引导行船过桥。一九四九年后龙王庙被拆除。

甘茂岗

甘茂岗，位于南京市江宁区横溪街道勇跃社区西部，在江宁区人民政府西南约四十一公里处。『万古甘冈在，忠勤仰敬侯』，这处位置偏远的小村落，竟与金陵城中赫赫有名的甘家大院有着深厚的历史渊源。

甘茂岗本作『甘墓岗』，后来『墓』字讹变为『茂』，遂有今名。所谓甘墓的墓主人，元《至正金陵新志》中语焉不详，只称之为甘府君墓，其地『在横山南乡甘泉里西，今呼甘墓岗。近有锄地者得一石，上云「梁州刺史甘府君墓」，不知其名。乡之甘氏遂藏之以传家。其东又有甘府塘、甘府桥云。』

根据元至正十五年（一三五五）《甘府桥记碑》记载：『（甘）昌生卓，仕晋为梁州刺史、假节度诸军，镇守襄阳，西土称其惠政。后罹王敦之难，归葬丹阳。今甘泉里甘墓岗有府君之墓存焉。子孙世家于此。耆旧相传，桥因府君而得名，其言信而有徵。』即认为梁州刺史甘府君为东晋名臣甘卓。同样始修于元代的族谱《甘氏得姓源流并历朝人物考》也道：『甘公卓，字季思。昌公之子……归葬丹阳之甘墓岗，子孙世家于此，始有甘泉里，为金陵丹阳甘泉里甘村甘氏开创之鼻祖也。』

到了清中后期，据《同治上江两县志》记述，元代出土的旧碑已经亡失。嘉庆十六年（一八一一），甘氏裔孙甘福重修甘墓，由大名鼎鼎的『桐城派』文人姚鼐撰写了《晋镇南大将军于湖敬侯甘公墓重修碑记》之碑文。甘茂岗埋葬的『甘府君』为东晋甘卓，已为甘氏后裔广为接受之定论，清代士宦专门题咏者亦甚多，如学士秦承业有诗曰：『碑识将军墓，锄荒出旧题。望同周顗重，名可顾

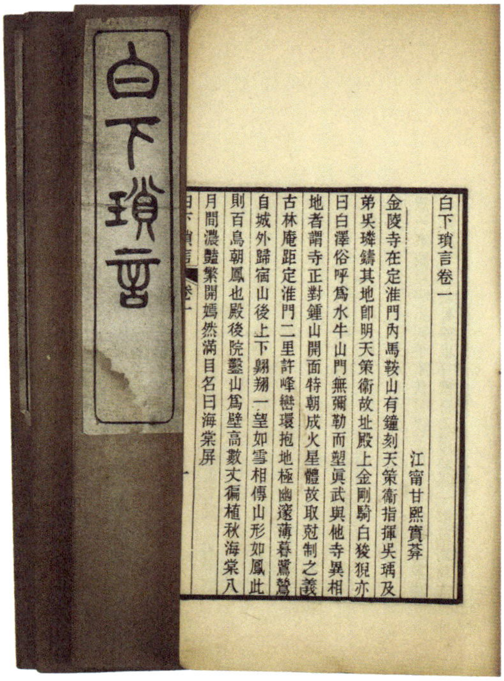

《白下琐言》书影

荣齐。』不过，魏晋时期薄葬之风兴起，贵族墓葬往往不封不树，因此亦有人怀疑有碑的『梁州刺史甘府君墓』并非甘卓之坟，而是甘氏后代之墓葬。

无论『甘府君』究竟为何人，甘氏为南京本地绵延千载的大族，确实不虚。如时代属于唐朝前期的敦煌文书《天下姓望氏族谱》中，丹阳四姓为『纪、甘、许、左』，又时代属于唐朝后期的敦煌文书《新集天下姓望氏族谱》中，丹阳八姓为『甘、纪、那、洪、左、洗、鄢、广』。甘家与江宁的渊源也颇早，在其祖居地甘泉里曾出土过汉代遗物。至清朝嘉庆年间，甘氏家族的分支已有数百家之多。因此，除了甘茂岗、甘泉里以外，甘氏在南京留下了诸多的相关地名，如甘府桥、甘府塘、大甘村、小甘村等等。有的甘氏族人还迁入了南京城内，名重一时，其代表人物便是城南甘家大院的主人甘熙。甘熙为清代著名史学家、藏书家，他在《金石题咏汇编》中，特将甘泉里出土的汉壶收入其内，以彰显其家族传承之久远。甘熙著有《白下琐言》、《桐荫随笔》、《栖霞寺志》等作品，其中尤以成书于道光二十七年（一八四七）的《白下琐言》为后世学人所推崇，书中记述考证了金陵山水、名人逸闻等五百七十多则南京掌故，是研究明清南京地方历史的重要文献。甘熙之父甘福，即重修甘卓墓者，治家严而有法，以『友恭』为堂号，曾得到官府『义孝』的旌表。

甘茂（墓）岗地名能够延续久远，正与甘氏家族的世代传承及其对祖先的慎终追远有关。姚鼐在重修甘卓墓的碑文中便指出，六朝墓陇『皆漫无其迹矣』，惟有甘卓、卞壶二墓『修整可瞻』，皆因『有子孙恒依此土』，常加修葺耳。秦承业诗亦云：『后嗣能修古，前丘幸未迷。』甘茂岗一名和南京城内的甘家大院，遥相呼应，成为一个江南家族世代绵延的典型见证。

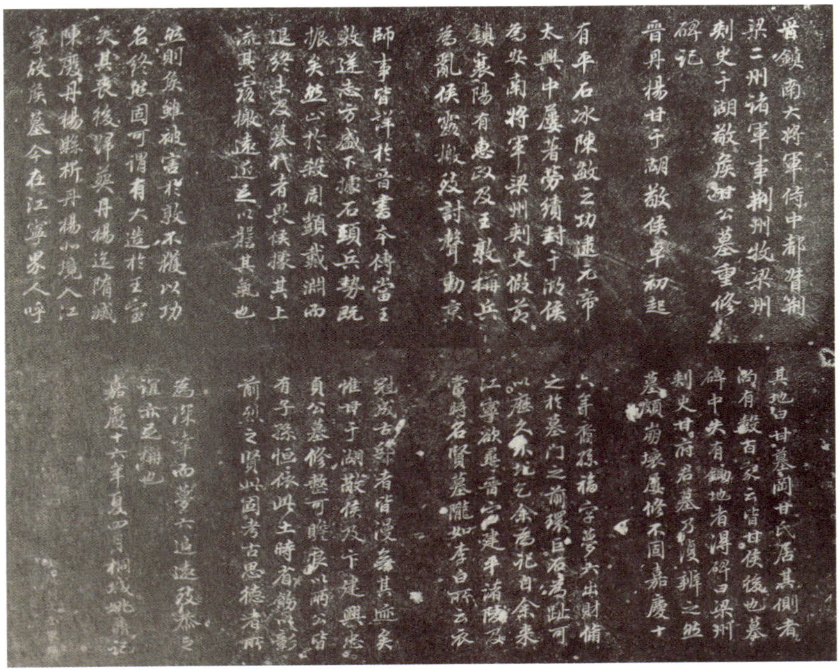

姚鼐撰并书《晋镇南大将军于湖敬侯甘公墓重修碑记》

链接：清·姚鼐《晋镇南大将军于湖敬侯甘公墓重修碑记》

晋丹杨甘于湖敬侯卓，初起有平石冰、陈敏之功，逮元帝太兴中，屡著劳绩，封于湖侯，为安南将军、梁州刺史，假节镇襄阳，有惠政于襄阳。及王敦称兵为乱，侯露檄致讨，声动京师，事皆详于《晋书》本传。当王敦逆志方盛，下据石头，兵势既振矣。然止于杀周顗、戴渊而退，终未及篡代者，畏侯据其上流。其露檄远近，足以沮其气也。然则侯虽被害于敦，不获以功名终，然固可谓大有造于王室矣！

其丧后归葬丹杨。迄隋灭陈，废丹杨县，析丹杨北境入江宁，故侯墓今在江宁界，人呼其地曰甘墓冈。甘氏居其侧者，尚有数百家，云皆甘侯后也。墓碑中失，有锄地者得碑，曰『梁州刺史甘府君墓』，乃复辨之。然墓崩坏，屡修不固。

嘉庆十六年，裔孙福字梦六，出财修之，于墓门之前，环巨石为址，可以历久不圮，乞余为记。自余来江宁，欲寻晋室建平诸陵及当时名贤墓陇如李白所云『衣冠成古丘』者，皆漫无其迹矣。惟甘于湖敬侯及卞建兴忠贞公墓，修整可瞻。良以两公皆有子孙恒依此土，时省饬以彰前烈之贤，此固考古思德者所为深幸矣！而梦六追远致恭之意，亦足称也。嘉庆十六年四月□□日，桐城姚鼐记

俯瞰甘熙故居

窦村

窦村，位于南京市江宁区麒麟街道青龙山下，在江宁区人民政府东北约十二公里。

从字面上看，『窦村』像是以姓氏命名的村落，与窦姓居民有关。不过窦村现有六百多户、二千多人口，却并无窦姓人家。对此现象，目前有不同的解释。《南京地名大全》称，窦村三面环山，其中青龙山上有过一个常年甘泉不断的孔洞，『窦』有『孔洞』之意，人们就以『孔洞』之雅称为此村命名。还有一说认为，『窦』字在南京方言中有『拼凑』的意思。明朝建都南京，大兴土木，征调河南、山东、安徽各地石匠进京，因为五湖四海的石匠都『窦』到这里来了，故名『窦村』。相较起来，前说的可能性较大，因为在明代以前当地早已形成村落。只是窦村得以名闻一时，又确实与大明石匠『窦』在一起，并以其精湛的石艺令世人刮目相看有关。

俯瞰窦村

明代以来，窦村即为著名的石匠村。窦村村民世代以石为生，与石相伴。旧时的村落有石头垒砌的护村墙，沿墙设十三个石门。村内的地形颇似八卦阵，据传外人进得来，出不去。夜晚石门紧闭，固若金汤。石寨墙与村落外围之间的空地，则是石匠们平日打磨石器的场地。村民住宅自然也是以石块砌就的。房子墙体用大小不等的石块错缝垒砌，墙基一般以五层大块条石堆砌，间以石灰、草木灰、盐卤的混合物做黏合剂。由于石匠来自不同区域，所建石屋既有南京传统建筑构造手法，又融合了外来技术特点。除了石屋外，石板铺就的村巷中，如今还能见到石头猪圈、磨房等。房前屋后更是随处可见有石凳、石礅、石狮等石雕器具。

窦村村巷连着各户以及两处公共场所——四方古井和戏台。四方古井始建于南朝梁时，是古村落仅有的水源，虽遭旱情，亦从未枯竭。另有三口青石垒砌的长方形水塘，与古井呈『田』字形格局，彼此水脉相连。古戏台则始建于明代，清代重修，民国三十六年（一九四七）村民又募资加以修缮。戏台原本规模较大，分为主台和两侧的附台，台长十三米，台基为须弥座式。一九五〇年代戏台遭受严重破坏，顶部已毁，其石柱、石壁等构件上，则雕刻着『刘海戏蟾』『鸳鸯戏水』『龙凤呈祥』『丹凤朝阳』等吉祥图案，栩栩如生，十分精美。过去每逢农历十月初三丰收时，窦村居民都会在此唱大戏，酬神娱人。而今，村落虽已巨变，仍能看到独具特色的石屋、石猪圈、磨房。四方古井和戏台遗迹，已被列为南京市文物保护单位。

窦村石屋

窦村的石艺对于南京城的建设来说，曾经至关重要。明城墙、明孝陵之神功圣德碑及神道石刻等，都曾见证了窦村石匠们的鬼斧神工。南京城内三山桥、长干桥、中和桥、五贵桥、珍珠桥、七桥瓮上的水兽，新浮桥上的龙头，以及莫愁湖抱月楼墙基上的『武松打虎』『狮子楼』等连环画，均出自窦村工匠之手。一九五九年，北京兴建十大建筑，成天权、王民涛、张长松、潘安保、潘孝顺五名窦村石匠进京献艺，参与了人民大会堂的建设。此后，他们还负责了明孝陵神道石地面、石台阶、棂星门、金水桥石栏板、享殿四周须弥座的修整或复建，工程所需青石皆由窦村石匠在龙潭、青龙山中挑选。南京城内，夫子庙牌坊的兴建，中山陵石阶、栖霞山佛龛的修复，也都活跃着窦村石匠的身影。二〇〇七年，窦村石刻技艺被列入南京首批非物质文化遗产名录，可谓是实至名归。

链接：窦村石刻技艺特点

窦村石刻技艺主要体现在建筑石构件的加工、雕刻方面。明初，窦村石匠主要担负修建城墙、宫殿、孝陵等大型工程的石作部分。随着技艺的发展、生活的需要，石桌、石椅等实用石制品和石书、石象棋等陈设赏玩用石制品，也成为窦村石刻常见的作品，石刻的题材、功用日益多样化。在长期的创作与生产实践中，窦村艺人总结经验，不断改进，使石刻技艺融采、切、凿、砌于一体，形成了包括选材、打荒、打细、打磨在内的一套完整的工艺制作流程，其手法也灵活多变，制品中阴刻、阳刻、浮雕、透雕俱备。

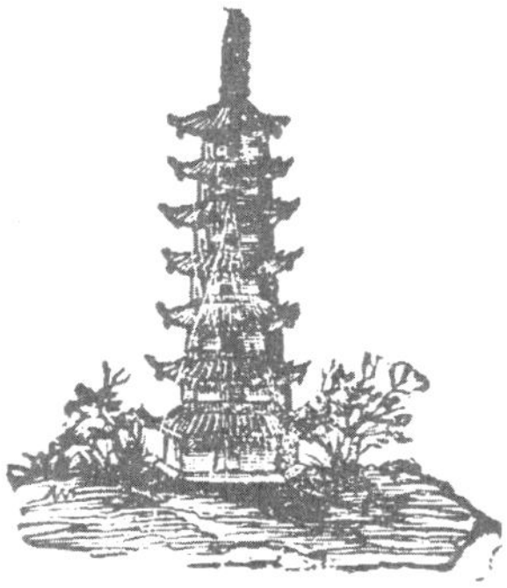

叁

山水名

土山

土山，又名东山，位于南京市江宁区东山街道境内，今中共江宁区委、江宁区人民政府大楼北侧。海拔六十二点一米，总面积约七公顷，山体由砂岩与砾岩组成。南朝刘宋山谦之《丹阳记》称，因山『无岩石，故谓土山』，并与南京城内的『石山』（清凉山）相对应。

土山一名貌似平平，实则由来已久，而且深具历史底蕴。据南朝《舆地志》记载，土山恰好位于六朝的通衢大路之上，『自方山至京师，此为半道，今谓此山下道为半逻。』三国孙吴时期，琅琊王孙休自会稽入京，继承大统，是为吴景帝。据唐代《建康实录》记载，权臣『孙綝迎于土山之半野，拜于道左』，可见当时的土山，已是建业城郊的标志性迎送之地，有如长安之灞桥、邺都之紫陌。一九八八年，东山公园依

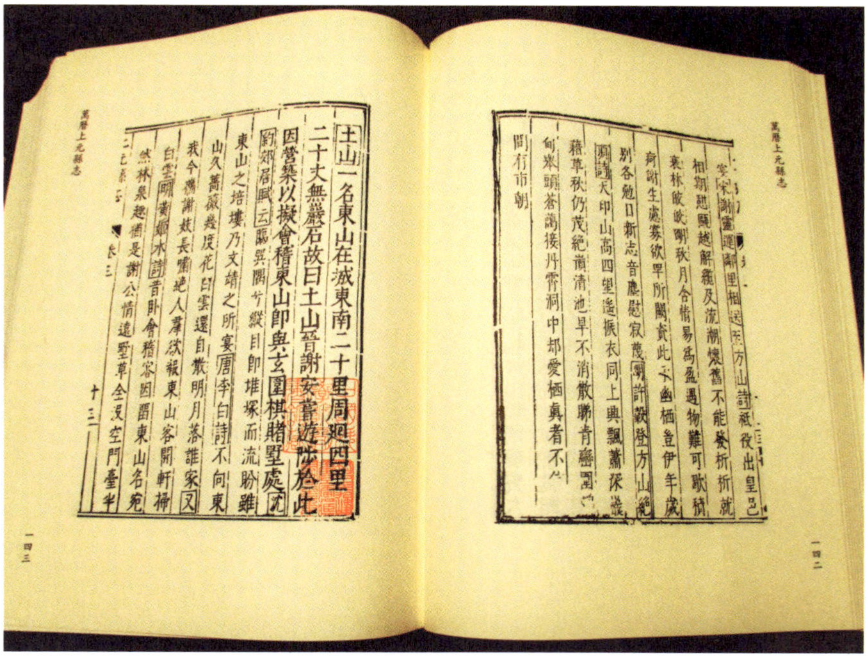
土山一名東山在城東南二十里周廻四里
二十丈無巖石故曰土山晉謝安嘗遊陟於此
因營築以擬會稽東山即與玄圍棋賭墅處

《万历上元县志》对土山的记载

谢安画像

此记载，在山上复原了孙休当时驻跸的布塞亭，足可遥想当年之盛。

土山虽为弹丸之地，但历来风雅不绝，而其间的关键，又赖东晋名臣谢安之经营。据《丹阳记》、《六朝事迹编类》等记载，谢安曾隐居于会稽之东山，来京之后，『于土山营筑，以拟东山』，『世称小东山』。当时土山上的楼馆竹林，甲于京郊。谢安指挥淝水之战时，便在此地运筹帷幄，决胜千里，施展韬略，土山因此也见证了这场永载史册的风云往事。

谢安的风流潇洒、事功业绩，给土山留下了难以磨灭的历史印记。土山上下曾有谢公泉、谢氏山亭、谢玄走马路等后世追忆之痕迹。不过自谢安之后，除李白诗云『携妓东土山』、宋代王安石的《游土山示蔡天启秘校》及明代黄姬水的《土山》、吴俨的《游土山寺》等诗外，文人墨客提及此山，大多喜用东山之称。如白居易《题谢公东山障子》云：『唯有风流谢安石，拂衣携妓入东山』；又清乾隆皇帝《东山》诗：『风神不减王东海，筑土一时聊想象。潇洒常思浙会稽，岂期名字至今题』，这是说谢安当年在江宁土山仿造会稽东山，打造园林，哪里会想到土山因他而名东山后，东山之名一直流传至今。但土山作为民间习称与山下乡里之名，仍然相沿不废。

『定林瞰土山，近乃在眉睫。谁谓秦淮广，正可藏一艓。』自唐宋以来，土山已成为南京郊外最具代表性的自然与人文景观之一，常为怀古凭吊、登高纳凉、赏春观月

东山公园的初秋

之所。士人登临，常有『心似游丝飏碧天』的洒脱之意。如南朝以降，土山一带即筑有寺院，初名资福院，梁武帝改为净名院，名僧宝志——济公和尚的原型，曾在此说法。宋元时期名曰净名寺，明正统十年（一四四五）重建，敕赐『翼善寺』之名，基址十亩，统领广惠寺、祈泽寺、天宁寺、云居寺、庄严寺五座小刹。伽蓝重光，山寺相映。一九九七年，在今江宁宾馆、邮局一带发现了翼善寺遗址，出土有瓦当、筒瓦、黑釉大香炉残件、浮雕石栏杆及石砌护墙等遗物。山上还曾有白云堂、明月楼、谢公祠、谢公泉等名胜，林木蓊郁。明代顾璘曾赋诗曰：『东山茅屋野人家，谢傅蔷薇春著花。』又据顾起元《客座赘语》记载，明万历年间，『榜眼余梦麟（幼峰）以生平所游览金陵诸名胜二十处，各著诗纪之』，土山即为其一。此后评选出的『金陵四十景』『金陵四十八景』中，『东山棋墅』或『东山秋月』皆位列其中。惜其旧迹皆已不存。今日的土山，竹林苍翠，蔷薇满园，已恢复或新建了谢公祠、

远眺土山

太白亭、秋月阁、望北亭等建筑。近看春色，一草一木间皆残留着文人墨客的点点印记；登临山顶，可俯瞰江宁城区车水马龙之盛况，亦不失为附近居民怀古休闲之佳处。

民国二十三年（一九三四），土山镇改名东山镇，土山正式退出政区地名之行列。一九八三年，经过重新绿化修整后的土山，建成并命名为『东山公园』，土山亦不复为此山之正名。时至今日，土山旧名之影响力虽已不及东山之名广泛，但仍在民间广为使用。今江宁核心城区内仍有一条重要的南北向道路名曰土山路，延续着土山一名在江宁历史上的千载记忆。

链接：明·黄姬水《土山》

昔卧会稽客，因留东山名。宛然林泉趣，犹是谢公情。
远野草全没，空门台半倾。谁知游衍者，偏解慰苍生。

明朱之蕃编、陆寿柏绘《金陵四十景图像诗咏》之东山棋墅

牛首山

牛首山是南京佛教名山，向为金陵南郊胜迹，位于江宁区秣陵街道、谷里街道，跨雨花台区，在江宁区人民政府以西约十二公里处。牛首山最高峰海拔二百四十八米，因双峰对峙、形似牛首而得名。清代余宾硕《金陵览古》云：『遥望两峰争高，如牛角然。』民间又俗称为牛头山。

东晋南朝时，号牛首山曰『天阙』。东晋元帝司马睿南渡之后，定都建康，曾拟于都城正南门宣阳门外兴建双阙，以示皇权之至尊。有官员提议，义兴汉司徒许玉墓前的二阙高壮，可迁至此处。丞相王导则以为，中兴大业草创，府库空虚，不宜大事营造。于是婉言劝阻元帝云，牛首山东、西二峰壮丽高耸，『此天阙也，岂烦改作』，牛首山遂得天阙山之名。平定苏峻之乱后，王导、王彬等人重新营建建康城，便以牛首山作为建康都城中轴线之南端标志。天阙之名，由此化虚为实。

东晋以降，牛首山渐为后世瞩目，此实有赖于历代佛教之经营。南京旧时有民谣曰：『出了南门尽是寺』，牛首山正是南郊寺庙

牛首山双峰并峙旧影

的集中地之一。刘宋时，高僧辟支曾在牛首山南坡山洞中修炼，并在此『立地成佛，上天为仙』。至梁朝时，司空徐度在牛首山建仙窟寺，开牛首山建寺先河，山一度亦以寺名，称作仙窟山。至唐代，法融和尚在此讲经说法，牛首山成为牛头禅（牛头宗）发祥地，号曰『江表牛头』，名声大振。山间塔寺林立，诗人刘禹锡曾撰写过《牛首山第一祖融大师新塔记》。五代十国时期，南唐后主李煜迷恋佛教，亦在牛首山大事佛法。至明代，牛首山伽蓝遍布，梵音缭绕，其中弘觉寺是金陵最著名的八大寺之一。山中又有明代摩崖石刻数龛，计有大小石佛一百二十九尊，雕工精美，价值不凡。

除了璀璨的佛教文化，牛首山还有众多人文景点，颇具文化底蕴，如传为梁昭明太子饮马处的饮马池、七下西洋的航海英雄郑和墓等。明末盛时泰曾特意撰写《牛首山志》，以记述牛首人文之盛。而作为与紫金山齐名之南京『绿肺』，牛首山的植被资源亦相当丰富。由牛首山、祖堂山、东西天幕岭、隐龙山等诸多大小山体组成的牛首山森林公园，自然植被保存完好，其珍稀植物种类之多，堪称南京之冠。

牛首山

清代的『牛首烟岚』位列『金陵四十八景』之中。每当清明前后，牛首山『满目苍翠，桃李飘飞』，景物极佳，为赏春踏青胜地，南京民间至今仍有『春牛首、秋栖霞』的游山习俗。实际上，牛首山四季均有特色，春季多姿多彩，夏季苍翠浓郁，秋季满山黄花，冬季江天寥廓，故明代即有『金陵多佳山，牛首为最』的说法。明代顾起元在《客座赘语》中称，南京近郊有适于『登览』十四处，『牛首之天阙』

便居其一。清代余宾硕在《金陵览古》中盛赞此山『秀宇层明，松岭森阴，绮绾绣错，缥缈玲珑』。

牛首山又以其形势险要而著称，历来为南京天然的军事屏障。牛首山至将军山之中尚存岳飞抗金故垒千余米，铭刻着宋金硝烟的记忆。清末以来，南京战事频仍，牛首山几经兵乱摧残，古寺名胜凋零。民国二十六年（一九三七）十二月，南京沦陷于日寇之手，侵华日军将全山树木砍伐一空，历代建筑最终付之一炬。二十世纪三十年代至五十年代，牛首山西峰又遭到两次破坏性的铁矿开采，主体被挖去削平，成为一个直径二百余米、深六十多米的巨大矿坑。此后，牛首山双峰只余东峰独秀，长为市民所喟叹。

二〇〇八年，考古人员在南京大报恩寺遗址发掘清理时，发现了佛教界至宝——佛祖顶骨舍利。经政府、宗教界、文化界等各方专家反复论证研究后，决定在牛首山兴建世界级佛禅文化旅游区，永久供奉佛祖顶骨舍利。二〇一二年，牛首山遗址公园破土动工，二〇一五年底正式开门迎客。其核心建筑佛顶宫，坐落在牛首山西峰，建基于历史遗留矿坑之上，总建筑面积达十万平方米，规模宏大，建筑奇伟，与牛首山东峰遥相呼应。又西峰新建的佛顶塔外形古朴雍容，与之相对，东峰的弘觉寺塔历经九百年时光依旧雄伟傲立。牛首『双峰双阙』并峙的盛景终得再现。

链接：《牛首山志》之四库提要

《牛首山志》二卷　两淮马裕家藏本　明盛时泰撰。时泰字仲交，江宁人。嘉靖中贡生。牛首山在江宁城南，一名天阙。是书首志山名，次志岩洞、池泉、殿庐、草树、法宝、游览、丽藻。其文颇近游记，不尽沿志书窠臼。其艺文多著出某书，亦明人所难。惟『地亩弓口』一条，全录稟帖批词，首尾不加删削，殊失体例。（《四库全书总目》卷七十六）

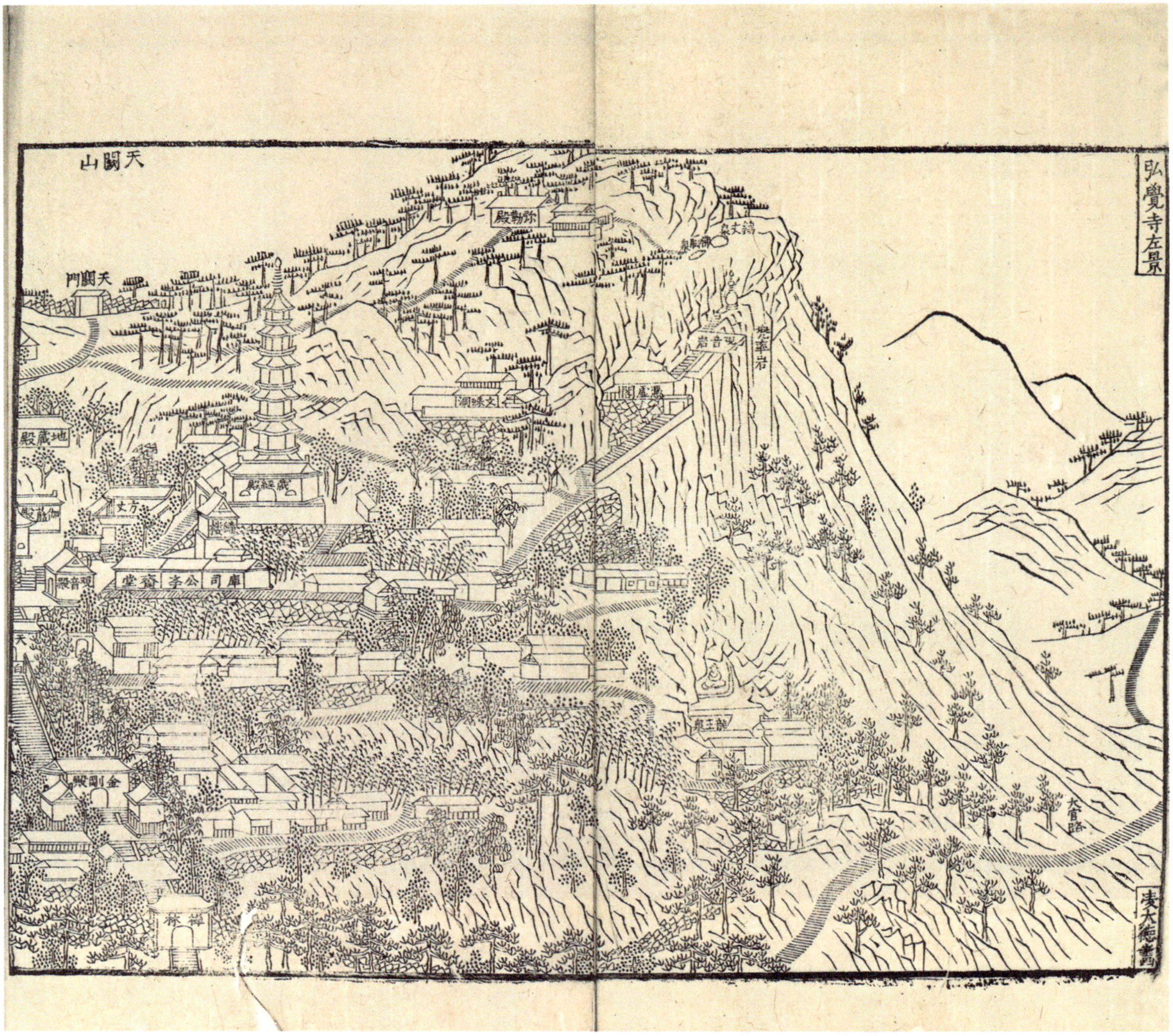

明《金陵梵刹志》弘觉寺（左）

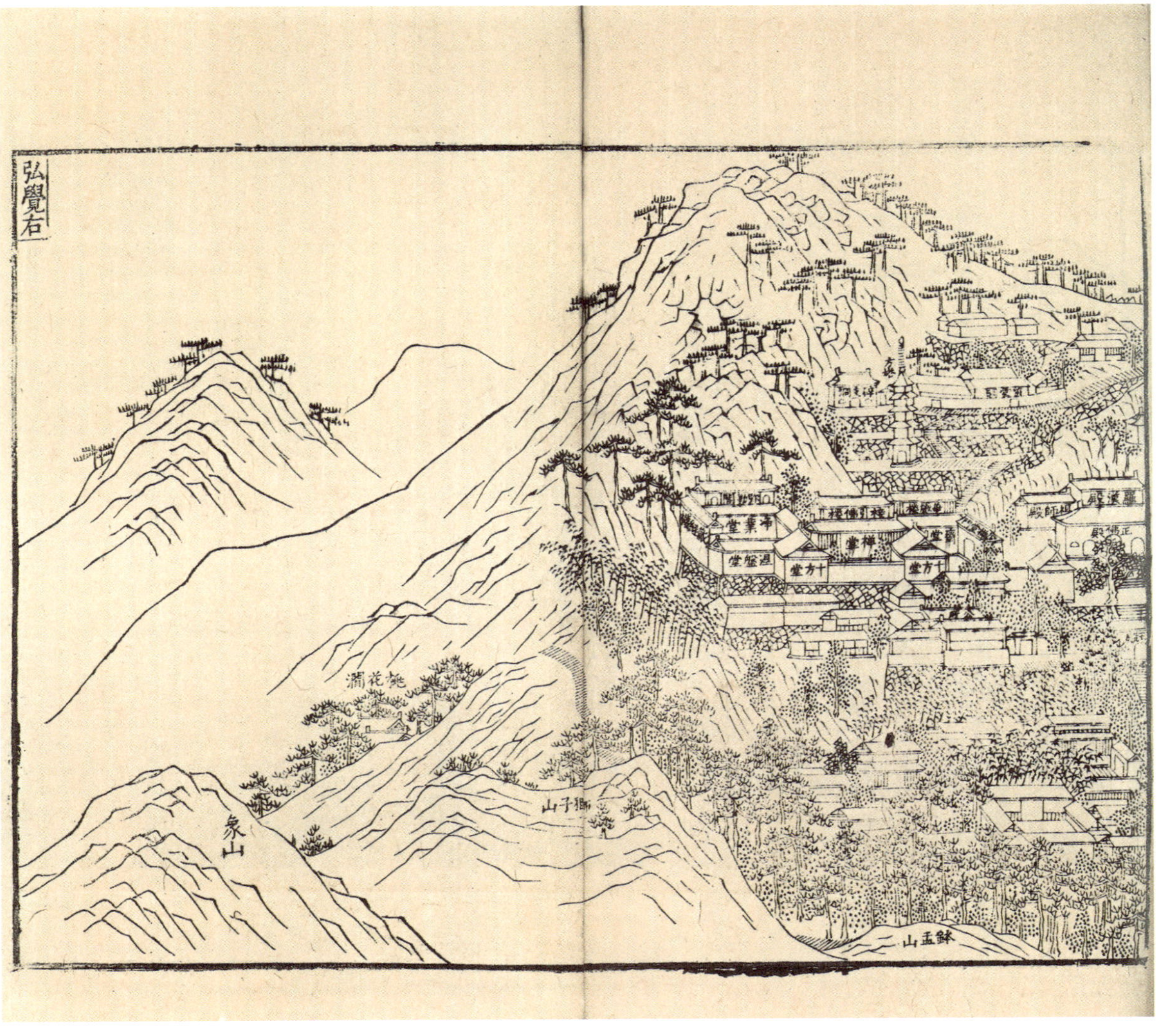

明《金陵梵刹志》弘觉寺（右）

牛首山佛顶宫、佛顶塔

祖堂山

明末清初高岑《金陵四十景》之幽栖寺

祖堂山为牛首山南延支脉，位于南京市江宁区秣陵街道，在江宁区人民政府西南约十五公里处。主峰芙蓉峰，层峦叠翠，状若芙蓉，海拔二百五十六米，为南京南部诸山中之最高峰。东峰为天盘岭，后峰为拱北峰，西峰为西风岭。南宋《乾道建康志》称，祖堂山『周回七里，高七十丈。上有湖，久旱不涸』。其自然山体与牛首山相连，佛教文化亦与牛首山同枝同源。

祖堂山最初之本名已无法知晓，南朝以来多称幽栖山。南宋《景定建康志》记载，南朝刘宋大明三年（四五九），『于山南建幽栖寺，因名幽栖山。』可知幽栖山是山因寺名。明代《金陵梵刹志》中颠倒因果，误以为寺因山名。当时的幽栖山上，竹海松涛，云雾缭绕，幽深静寂，『幽栖』之称可谓名副其实。明代大学士吴一鹏有诗云：『悬岩营小阁，中嵌翠芙蓉。坠日堪援手，层云每荡胸。平临江渺渺，俯瞰树重重。忽有凌风意，遥登上最峰。』

至唐贞观元年（六二七），高僧法融在此山中驻锡，开创禅宗旁支牛头宗，并号称『南宗第一祖师』。幽栖山成了牛头宗的活动中心，被誉为南宗祖堂，遂有祖堂山之名。『金陵四十八景』中，便有『祖堂振锡』。此后，幽栖山与祖堂山二名并行不废，直至明清。幽栖寺随后也改称为祖堂寺。杨吴、南唐至北宋初年，幽栖寺又一度改名为延寿院。明代的幽栖寺属『中刹』规模，寺内建有金刚殿、天王殿、佛殿、千佛殿、观音殿、左华严楼、左水陆殿、禅堂、斋堂等众多建筑，基址占地二百四十三亩有余，是为幽栖寺禅林之极盛。

清长干里客《金陵四十八景》之献花清兴

祖堂山北侧又有献花岩，与幽栖寺并称为金陵名胜。唐僧法融居此讲授《法华经》，『于凝冰内获奇花二茎，状如芙蓉』，又有百鸟翔集，『衔花而献』，由此得『献花』之名。明成化年间（一四六五—一四八七），在旧庵的基础上创建花岩寺，祖堂山因此又得名花岩山。花岩寺占地五十亩，规模虽不比幽栖寺，但寺内有芙蓉阁、大观堂等建筑，景色殊丽，『障绝顶，望京城，历历错绣，钟山连带，江外数峰青出，最登临胜处』，清『金陵四十八景』之『献花清兴』即指此处。明代戏曲家汤显祖曾来此写下《登献花岩芙蓉阁》，诗云：『木末芙蓉出，花岩草树齐。陵高诸象北，江白数峰西。』葛寅亮盛赞此地『招提既古，泉壑亦幽。牛首、献花之间，都无俗处』。山中另有祖师洞、伏虎洞、象鼻洞、长庚泉、太白泉、飞来石等自然诸景，更使得献花岩一带为游人所青睐，而诸多名胜的由来，

清长干里客《金陵四十八景》之祖堂振锡

亦与法融和尚有关。如伏虎洞，得名自法融讲经时，『尝有二虎伺于门』；又如神蛇洞，也是传说中法融驯化蛇的地方。

祖堂山一带还是金陵南郊重要的墓葬区。南唐开国皇帝李昪的钦陵和中主李璟的顺陵即所谓的『南唐二陵』，便在祖堂山西南麓，是为中华人民共和国建国后第一处经考古发掘的帝王陵墓。二〇一〇年在祖堂山社会福利院即幽栖寺遗址附近，明代太监洪保墓又重见于世。最让专家们激动的是，墓葬中除了玉环、水晶串饰以及铅锡明器等遗物外，还出土了一块《大明都知监太监洪公寿藏铭》。洪保是郑和下西洋的船队副使，作为郑和使团的主要领导成员，见证了海上丝绸之路的辉煌。有关郑和下西洋的档案材料，包括宝船厂的资料在内，大多在明代便被焚毁或散佚，而这次出土的《寿藏铭》，为今人了解和研究六百年前的这次航海壮举，补充了重要的史料。

清末以来，祖堂、牛首一带历经兵燹，幽栖寺、花岩寺等地面建筑大多无存。值得欣慰的是，一九九六年由佛教界人士发起，在祖堂山筹资兴建了宏觉寺。重建的宏觉寺规模宏大，古朴典雅，有三圣殿、千年观音殿等佛寺建筑，殿宇错落有致，与祖堂山清静幽雅的环境融为一体。虽不复祖堂全盛时期『楼殿林壑，浮屠金碧，宛如画』的盛况，苍松修竹、佛法森严的气氛，却也延续了千年佛脉。登临佛塔，四顾青山环翠，清风入襟，醉人心扉。

链接：明人《祖堂山》诗四首

朱应登：长廊卷幔得闲凭，南国秋容望不胜。香阁梵音传远磬，石幢寒影护悬灯。山深疑有长生药，寺古应多入定僧。人语忽然飘下界，始知身在白云层。

顾源：步入招提境，云萝隐法堂。莲峰低宝座，檀树拂经床。深壁灯烟细，孤龛柏子香。坐来毛骨冷，空翠湿衣裳。

盛时泰：落日深林逢远公，铜瓶锡杖得相从。层栏远接诸天外，丈室平临万壑中。钟阜断云连古戍，秣陵残叶下西风。陶潜不为钟声去，月夜相邀溪水东。

王世贞：大道本无统，兹统乃融师。智岩敷五叶，鹤林横一枝。任尔黄梅发，差强未熟时。

祖堂山麓

方山

方山为南京东南之历史名山，位于南京市江宁区淳化街道，江宁高新园境内，距中华门约二十公里，距江宁区人民政府约八公里。方山脚下为秦淮河东、南二源的汇合处，山水相依，金陵胜景之『天印樵歌』即指此山。

据南朝刘宋山谦之《丹阳记》记载，此山『山形方如印，故曰方山，亦名天印山。』可见方山因山体呈方形，顶部平坦，故此得名。又因四角方正，犹如从天而降的一枚印鉴，故称天印山。南宋《景定建康志》称，方山『在城东南四十五里，高一百一十六丈，周回二十七里，四面方如城。东南有水，下注长塘，流溉平陆。』今测方山海拔为二百零八米，面积三点三平方公里，矗立于江宁城区与大学城之间，『峰峦竞秀，望之岿然端重而苍翠』，为市区东南一大天然氧吧。

方山之闻名，早在秦汉时期。秦始皇帝东巡，自江乘县（县治在今栖霞山下）渡江至金陵，有『望气者』声称『江东有天子气』，始皇帝遂下令凿岗开渎，以泄金陵王气。东晋史学

明郭存仁《金陵八景》之天印樵歌

家孙盛曾言：『东至方山，有直渎。自渎至此山，或云是秦所掘山。』南朝梁陈顾野王《舆地志》中也提到，『今方山石硊，是其所断之处。』齐梁时代的文学家沈约在《郊居赋》中曾如此描绘方山景致：『聊迁情而徙睇，识方阜于归津。带修汀于桂渚，肇举锸于强秦。』可见始皇凿山之历史记忆，广为南朝士人所传习。清乾隆皇帝巡幸江南时，也曾题诗《秦淮歌》，聊表其对始皇帝殚精竭虑、凿山开河，却不免二世而亡的感叹：『祖龙东巡压王气，通淮凿断方山埭。痴心虑后五百年，讵知亡秦在二世。』

六朝破冈渎路线示意图

方山在南京历史上真正扮演重要角色，是在六朝时期。自孙权建都建业以后，秦淮之畔的方山便成为都城与三吴沟通的水运枢纽。东吴赤乌八年（二四五），孙权派遣校尉陈勋率领屯田之兵，在方山南侧『截淮立埭』，兴建拦水大坝，调节水位，以利船舶通行，号曰『方山埭』。方山埭为通往吴会地区的运河『破冈渎』上的十四埭之一，在这十四埭中，规模与重要程度尤以方山埭为最。破岗渎与方山埭竣工后，太湖流域乃至钱塘江流域的各类船只，可由此直达建康，『于是东郡船舰不复行京口矣』。方山一跃成为南京东南最重要的交通门户，六朝人士出入京城，多在方山埭与客迎送道别。为方便行旅往来，方山埭旁还设有旅店与集市。谢灵运有《邻里相送至方山》诗，反映了诗人在方山埭与友人依依惜别的场景：『祗役出皇邑，相期憩瓯越。解缆及流潮，怀旧不能发。析析就衰林，皎皎明秋月。含情易为盈，遇物难可歇。积疴谢生虑，寡欲罕所阙。资此永幽栖，岂伊年岁别。各勉日新志，音尘慰寂蔑。』

隋朝统一南北后，建康失去了都城地位，破冈渎不复旧时的辉煌，但方山作为秦淮两源的交汇处，仍是襟带要地。据《隋书》记载，隋代的方山津，仍与石头城的石头津并列为蒋州的两大航运渡口。由于方山具有重要的交通区位，这里也常常成为兵家必争之地，号称『兵屯驿路，并属冲要』。南朝刘宋时期，曾经『缘淮树栅，决破方山埭，以绝东兵』。直至一九三七年的南京保卫战中，方山作为首都的防卫阵地，仍布置有大量兵力阻击来犯之日寇。至今山上残存有抗战时期砌筑的大量碉堡，在荒草之中或隐或现，昭示着先烈们的卫国功绩。

从地质学角度来看，方山作为南京地区著名的死火山，自民国以来便受到地质学家的充分关注。据考证，在上新世时期，方山发生过两次火山喷发，岩浆冷却凝固后形成了今日之山体，喷发物主要为第三纪玄武岩和火山砂砾层。在方山的众多地段，随处可见充满气孔的玄武岩，山顶更有大量的火山地貌景观。如今，方山已成为『江宁汤山方山国家地质公园』的两大组成部分之一，向四方游客诉说着大自然鬼斧神工的奥秘。

登上天印山顶，极目四顾，每当旭日东升之时，迷雾莽原，蔚为壮观，江宁城区历历在目。历史上，方山山顶及山麓曾建有佛寺、道观多所，东有东霞寺，西有玉积庵，南有洞玄观，北有定林寺，顶有海慧寺。各寺周围还有众多古迹，如洗药池、炼丹井、石龙池、七字锣等。据明代《金陵世纪》称，名将王僧辩之墓亦在方山下。历经岁月磨砺，兵火摧残，方山历代古迹多遭毁坏，唯有南宋乾道九年（一一七三）建造的七层八面定林寺砖塔，虽经后世重修，塔身主要部分仍为南宋原物，其古色苍然，巍然矗立，见证着江宁的历史人文，而且以其倾斜奇观，驰名宇内。

方山国家地质公园

链接：明·史谨《金陵八景》诗之《天印樵歌》

夹路青山拥翠螺，每闻樵唱隔烟萝。暗惊鹤梦穿云杪，细答松声出涧阿。
几度半酣扶杖听，有时一曲傍林过。晚来弛担长松下，复和岩前扣角歌。

明文伯仁《金陵十八景图》之方山

清长干里客《金陵四十八景》之天印樵歌

七仙山

七仙山位于南京市江宁区横溪街道勇跃社区，在江宁区人民政府以南约四十公里处，地处苏皖交界地带，海拔五十八点六米。传说此山为古代神话人物七仙女下凡之地，旧建有七仙女庙，故名。

董永与七仙女的爱情故事『天仙配』，在中国可谓家喻户晓。历史上的董永本是汉代千乘（今山东省高青县）人，作为『二十四孝』之一『卖身葬父』的主角，其事迹早在西汉刘向的《孝子传》中便有专文记述。三国曹植曾在《灵芝篇》中对董永之事加以歌颂：『董永遭家贫，父老财无遗。举假以供养，佣作致甘肥。责家填门至，不知何用归。天灵感至德，神女为秉机。』及至东晋干宝的《搜神记》中，董永故事有了更加丰富的描写。后人在历史事实与文学作品的基础上，口耳相传，又经过不断的加工、丰富与完善，最终形成了美丽动人的『天仙配』传奇，并且产生了许多富有地方特色的『版本』，留下了诸多的有关文物、碑碣与地名。如山西省万荣县、江苏省东台市、河南省武陟县、湖北省孝感市等地，都宣称是『天仙配』的发生地或起源地；又因七仙女故事的成名，恰与江南黄梅戏《天仙配》的宣传密不可分，故在苏皖一带的江宁七仙山，也理所当然地留下了与之相关的『遗迹』。

值得关注的是，江宁的七仙山并非只是一个单薄的地名。在七仙山上，有七仙女

黄梅戏《天仙配》剧照

『下凡』时留下的脚印，当地乡民相信，如患足疾，只要到七仙女脚印上踩踩，即可祛病消灾；清代丹阳镇人在山上筑有七仙女庙，正殿中间是七仙女神像，董永塑像列于其侧。在七仙山下，马鞍山市丹阳镇董山里有一支董氏家族，正可对应黄梅戏唱词中的『家住丹阳姓董名永』；附近的大傅村，据说正是董永卖身的傅员外家所在的地方；村中原有老槐树桩，又是故事中充当媒人的那棵老槐树。

传奇虽非信史，但经过千百年的民间流传，却也积淀成为独具风情的民俗文化意象。七仙山一带的『天仙配』传说，理应作为一种独特的民俗资源，代代传承。但多年以来，山体不甚伟岸的七仙山并未受到应有的重视。据《江宁区志》介绍，安徽来安人朱某曾在七仙山采石，致使主峰被切，山体也分成了两个山头。

可喜的是，江宁七仙文化的珍贵价值已被越来越多的有识之士所重视。二〇〇七年，董永传说被列入首批南京市非物质文化遗产名录。如今，在丹阳社区七仙街的街心花园，竖起了一座七仙女与董永的汉白玉雕像。在七仙山下大福村，村民围绕农耕文化和爱情传说两大主题，已建起了『孝子坊』、『贞节坊』，傅员外府、天仙亭、七仙书院等也正在建设当中。七仙山正在逐步重现其独有的地方情怀，而『天仙配』浪漫旖旎的传说故事，也已融入七仙山下的脉脉水波，流淌无尽。

大福村

链接：东晋·干宝《董永》

董永父亡，无以葬，乃自卖为奴。主知其贤，与钱千万遣之。永行三年丧毕，欲还诣主，供其奴职。道逢一妇人曰：『愿为子妻。』遂与之俱。主谓永曰：『以钱丐君矣。』永曰：『蒙君之惠，父丧收藏。永虽小人，必欲服勤致力，以报厚德。』主曰：『妇人何能？』永曰：『能织。』主曰：『必尔者，但令君妇为我织缣百匹。』于是永妻为主人家织，十日而百匹具焉。主惊，遂放夫妇二人而去。行至本相逢处，乃谓永曰：『我是天之织女，感君至孝，天使我偿之。今君事了，不得久停。』语讫，云雾四垂，忽飞而去。（《新辑搜神记》卷八《感应篇之五》）

祈泽山

祈泽山位于南京市江宁区东山街道东部，江宁区人民政府以东约七公里、上坊社区以东约一公里处。海拔六十米，『周回十里，东连彭城山，北连青龙山。』山虽不甚高峻，但曾以其幽雅的环境、独特的泉水以及屹立千载的祈泽寺和『祈泽夫人』传奇，闻名于古代南京。

祈泽山西麓旧有祈泽寺，为江南名刹。据南宋《六朝事迹编类》记载，该寺始建于刘宋景平元年（四二三），梁朝曾在寺旁置『祈泽夫人庙』，亦曰『龙堂』。祈泽夫人的传说同样始于南朝。据南宋《景定建康志》引《旧经》云：『初，法师尝结茅于此，有龙女来听讲，既而神泉涌于讲座下，遂为祈祷水旱之所，因此得名。』祈泽寺《寺记》的描述更加细致：法师『日夜诵法华经，有一女郎来听』，自称是『东海龙女，游江淮间』，由于『此山乏水』，法师遂借机请愿，『数日后，忽作风雷，良久有清泉涌于座中。』祈泽山因此得名。传说中龙女听讲后所开的神泉，就在寺院之侧，被称为祈泽池。

明末清初高岑《金陵四十景》之祈泽池

唐代会昌法难中，祈泽寺被毁，但龙女开泉的传说可能一直在民间流传。到了南唐保大年间，民众仍然『以久旱祈雨于旧寺基』，果然应验，祈泽寺也得以再度重建，『自后以为祈祷之所』。小小的祈泽山，逐渐声名鹊起，乃至进入了朝廷的视野。北宋治平年间，赐名为『祈泽治平寺』。南宋绍兴二年（一一三二），朝廷又封龙女为『灵泽夫人』，『赐其庙曰嘉惠，以志其嘉惠万民之义。』当时的诗人墨客，在祈泽山留下了众多的题咏。北宋名相王安石来此，看到南唐许坚留下的诗作，即兴题下了一首《祈泽寺见许坚题诗》：『蔼蔼春风入水村，森森乔木映朱门。高人遗迹空佳句，谁识旌阳后世孙。』

元明清三代，祈泽寺不断修缮。据明《金陵梵刹志》描述，明代的祈泽寺有金刚殿、正佛殿、左观音殿、右地藏殿、龙王殿及僧院等建筑。山寺中清幽闲适的景致、甘甜的泉水，更吸引了众多名士来此游憩品茗。上元籍文人盛时泰曾在祈泽寺构一小舍，并撰有专门的《祈泽山志》。《客座赘

清长千里客《金陵四十八景》之祈泽池深

语》的作者顾起元也曾写诗盛赞祈泽池水：『龙堂水品由来胜，挟茗时来对此君。』江宁籍状元朱之蕃编纂《金陵图咏》，将祈泽山的风景收录为『金陵四十景』之一，定名『祈泽龙池』。清『金陵四十八景』中，『祈泽池深』同样位居其中，备受时人之推崇。

可惜在清末太平天国战争中，祈泽寺为兵燹波及，损毁严重。光绪十七年（一八九一），祈泽寺最后一次重建，但规模气度已远不如前。民国三十五年（一九四六），祈泽寺被改作粮库，殿阁渐圮。寺毁之后，寺内所存南唐、宋、元以来的历代碑碣也渐渐遗失，如今仅存一方光绪重修寺院碑以及道光修寺碑记的拓片。

现如今的祈泽山，风景未殊，山河不改，但是盛景不在，诚为憾事。所幸残存的祈泽池在干涸多年后，近年重新涌出清泉。『祈泽池深』之传说与记忆，亦赖祈泽山地名之存，在故老的口耳相传中传承不废。

链接：明·朱之蕃《金陵四十景诗纪》之《祈泽龙池》

登坛竖义麈摩挲，功在流泉永不磨。一自潜龙听妙法，遂令神水注卷阿。

春生禾黍甘霖似，望惬闾阎喜气多。见说生公能点石，何如大地沛恩波。

明朱之蕃编、陆寿柏绘《金陵四十景图像诗咏》之祈泽龙池

秦淮河

秦淮河是南京地区除长江之外的第一大河，也是江宁境内最长的河流，全长一百一十公里，在江宁境内长约八十点五公里，占到了全河的七成以上。秦淮古名龙藏浦、淮水，与长江相对应，又称小江。因有秦始皇凿方山、断长垄，引淮水与长江相通，以泄金陵王气之传说，故南朝以降又习称为『秦淮』。

秦淮河源头有二：东源句容河，出自镇江市句容城北三十公里的宝华山南麓，汇集源于茅山的赤山湖水之后，进入南京市江宁区湖熟街道，到西北村汇合南源；南源溧水河，出自南京市溧水区东南十公里的东庐山，经溧水城和江宁的铜山、禄口、秣陵、龙都等地。两源在西北村汇合后，再绕方山的南面，在方山西麓向北流至东山河定桥，经秦淮河干流和秦淮新河流入长江。

秦淮河干流至通济门外九龙桥，又分内、外二支。内秦淮自东水关入城，穿市区南部，会杨吴城壕之水，西流至淮青桥，与青溪汇合，再西南流至利涉桥，受小运河水，再经文德桥、武定桥、镇淮桥迤西而北，过新桥至上浮桥，又西北至陡门桥，与运渎水会合，再西北过下浮桥，出西水关，与外秦淮复合。外秦淮西经

一九三〇年代的湖熟秦淮河桥

长干桥、赛虹桥后北折，在水西门与内秦淮合，北沿石头城至三汊河入长江。外秦淮为南京城之护城河，内秦淮则是南京民间习称的『十里秦淮』。聚族而居的六朝望族，芳魂不断的秦淮八艳，都曾借这缕清波碎浪，演绎出各自的悲喜人生。

『千年壮丽山为郭，十里人家水绕楼。』秦淮河自古皆为南京主要河道。六朝淮水，河身宽广，商船往来，贵胄大户沿河聚居，乌衣巷、王谢堂遂成金陵人文阜盛之见证。隋唐以降，秦淮两岸渐趋衰败，却也吸引文人墨客在荒烟蔓草间流连，凭悼吟叹昔时之繁华似锦。及至赵宋，秦淮河畔逐渐恢复为江南文教中心。明朝以夫子庙区域为科举考场，洪武初年又建十六楼以处官妓，秦淮风月由此大盛。其时金粉楼台相连，凌波画舫不断，十里秦淮桨声灯影，闻名天下，历明清六百年而不歇。

与南京城内烟柳繁华的景致相对应，江宁区境内的秦淮河河面宽广，沿途支流密布，纵贯南北，灌溉江宁农田达三百四十三平方公里，占全区农田总面积的一半以上，一派田园风光。在悠久的历史岁月中，秦淮河哺育了江宁。秦汉以前，南京城内尚为低洼的泽国，有待开发。而在江宁，有赖秦淮河及其支流所形成的冲积平原，湖熟、秣陵等较早开发的区域，早已孕育出璀璨的文明和发达的聚邑。长达两千年的时间里，秦淮上下，舳舻相连，宛如一条黄金水道，源源不断地为江宁沿岸注入勃勃生机。

历史上，秦淮河既促进了江宁的农、商经济发展，也集聚了众多的人文景观。在清『金陵四十八景』中，与秦淮河及其附近有关者，就有桃渡临流、秦淮渔唱、楼怀孙楚、莫愁烟雨、天印樵歌、牛首烟岚等多处，其中不少位于江宁区境内，如今这些人文景观大多依然有踪可寻。

『宫柳动春条，秦淮生暮潮。楼台见新月，灯火上双桥。』登临天印山顶，俯瞰秦淮一源横贯江宁，令人顿生怀古之思。秦淮河孕育了江宁乃至南京的文明，见证了『谢公巷口开画楼，江令宅旁起朱阁』的金陵王气、六代豪华；浸润着『梨花似雪柳如烟，春在秦淮两岸边』的春意绵绵；也目睹过『璧月琼枝不复论，秦淮半已掠荒榛』的不堪回首。秦淮终不语，人事有兴废。这条流淌千年的江宁母亲之河、南京文化之河，不仅铭记着江宁的过去，也将继续瞩目着江宁的今天与未来。

链接：吴敬梓笔下的秦淮胜景

这南京乃是太祖皇帝建都的所在，里城门十三，外城门十八，穿城四十里，沿城一转，足有一百二十多里。城里几十条大街，几百条小巷，都是人烟凑集，金粉楼台。城里一道河，东水关到西水关，足有十里，便是秦淮河。水满的时侯，画船箫鼓，昼夜不绝。……那秦淮河到了有月色的时侯，越是夜色已深，更有那细吹细唱的船来，凄清委婉，动人心魄。两边河房里住家的女郎，穿了轻纱衣服，头上簪了茉莉花，一齐卷起湘帘，凭栏静听。所以灯船鼓声一响，两边帘卷窗开，河房里焚的龙涎、沉、速，香雾一齐喷出来，和河里的月色烟光合成一片，望着如阆苑仙人，瑶宫仙女。还有那十六楼官妓，新妆炫服，招接四方游客。真乃朝朝寒食，夜夜元宵！（节选自《儒林外史》第二十四回）

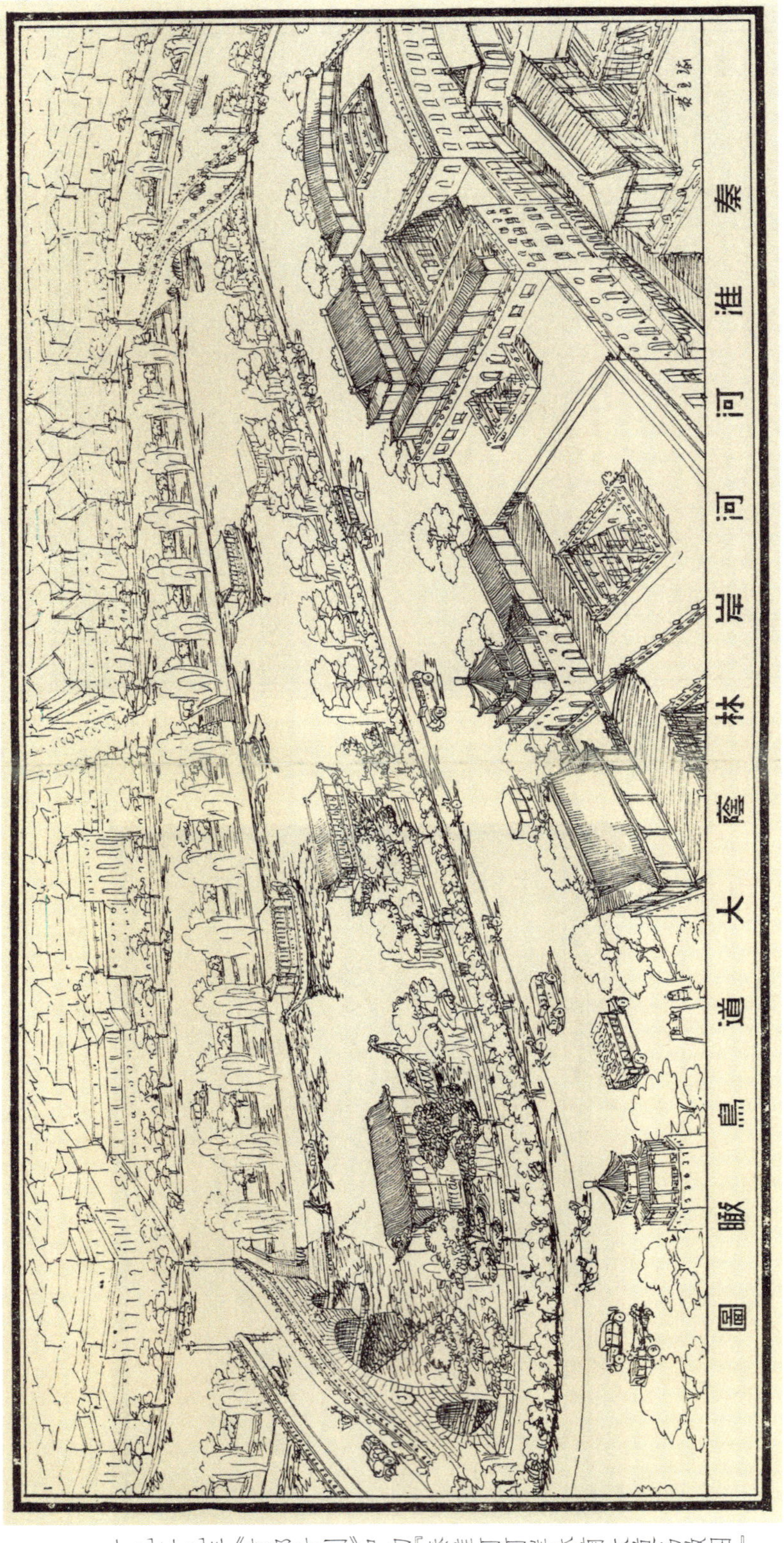

一九二九年《首都计划》中的『秦淮河河岸林荫大道鸟瞰图』

秦淮河江宁段

百家湖

百家湖位于南京市江宁区秣陵街道北部，面积约一百六十七公顷，平均水深约四米，是江宁区第一大湖。其东岸距江宁区人民政府约三公里，地处江宁城区腹地。

《江宁县志》（一九八九年版）称，百家湖在南朝时名马牧湖，古时『坡坨周延，芳草如茵』，曾是牧马的好地方，后又改称白社湖。中华民国时因其灌溉百家农田，更名为百家湖。爬梳史料后不难发现，这里的几处观点皆有待更正。在明万历之前的官修地方志上，查不到马牧湖一名的记载，清《同治上江两县志》中始有『马牧浦』之名，故马牧湖之名当不早至南朝。又据今人考证，马牧浦即牧马浦，在今殷巷南、秣陵北的云台山河附近，与百家湖亦非同一水体。至于白社湖，据南宋《景定建康志》记载，『在城东南二十五里，周回十里，溉田一十顷』，早在明代，顾起元便称白社湖等一批古代湖泊『类堙为田地，其名间有存者，而不可考矣』，可知其与江宁的百家湖也无关联，且已无迹可寻。

百家湖之名，最早应见于明《万历江宁县志》，时称『白家湖』。白家湖湖面甚广，溉田颇多，湖岸曲折，里人相传有九湾十八汊。县志所述白家湖的湖泊形状与今日之百家湖极为相似，且『在县东南二十里』的方位距离也十分接近。又同书卷四『冢墓』载：『礼部侍郎殷迈墓在湖堰村，白家湖之阴，万历十年赐葬。』湖堰村，又名湖沿村，属原江宁县东山乡太平村（现为秣陵街道太平社区），该村原位于百家湖西南岸，二十世纪九十年代初期已被拆迁。湖堰村的位置也可佐证白家湖即今日之百家湖。据此可以推知，百家湖之名实为『白家湖』的同音讹写。民间广为流传、乃至被众多史志资料所采纳的『溉百家农田』或湖边有百家住户，实属望文生义。

旧时的百家湖，虽无玄武湖『北湖南埭水漫漫，一片降旗百尺竿』的历史厚重，也无紫霞湖神秘幽静、林海山泉的孤傲气质，但是数百年来水质甜美，鱼虾肥嫩，哺育了湖畔一代代的居民，平凡之中，自有一种市井生活的恬淡自然。村民们盛传湖中住有一条『小白龙』，保障着百家湖的水量丰沛且不加泛滥。湖南岸曾建有白龙庙，以纪念小白龙勇斗火龙的神话事迹，保佑当地一方平安。现在横跨湖中的『白龙桥』，仍以地名的形式延续着小白龙的传奇记忆。

如今的百家湖，风景秀美依然，湖水清澈如故，但是曾经的田园风光已转变为高楼林立、生机勃勃的都市休闲区，成为集生活、娱乐、休闲、办公等多功能于一体的江宁区城市综合枢纽。江宁经济技术开发区于一九九二年在百家湖附近成立，南京地铁一号线也设有百家湖站，湖东还建有新世纪新南京标志性建筑之一『凤凰台』，一九一二街区、湖滨金陵饭店、江宁会展中心环伺湖畔。百家湖已然成为江宁新城区的一颗璀璨明珠。当代诗人龚文华赞曰：『卧水长桥驰宝马，琼楼林立接天涯。凤凰阁上凭栏眺，湖水粼粼映彩霞。』

链接：江宁区天然湖泊概况

江宁区境内旧时湖泊星罗棋布。句容河两岸有夏驾湖、刘阳湖、白米湖、植莲湖等，秦淮河下游有象鼻湖、倪塘、燕湖等，沿江平原有三城湖等，东北低山丘陵区有半汤湖、小平湖等。上述湖泊大多为洼地积水而成，并与江河相通，对保障生产、调节自然生态环境与水量均起着重要作用。但由于泥沙淤积严重，加之多年来人工围湖垦田，不少湖泊已逐渐消失，现剩下的仅是少数较大湖泊的残迹而已。二〇〇七年，境内有较大湖泊三个：百家湖、杨柳湖、西湖。（引自《江宁区地名志》）

百家湖

白龙桥夜景

汤山温泉

汤山温泉，位于南京市江宁区汤山街道，在江宁区人民政府东北约二十三公里处，为中国四大温泉之一，有『千年圣汤，养生天堂』之美誉。因其距离古雁门山不远，部分古籍亦称之为雁门泉水或雁门汤泉。

汤山温泉水源深度约二千米，日出水量五千吨，温泉不受季节气温的影响，四时如汤，热度稳定，平均水温为摄氏四十四度，最高可达摄氏六十度。北宋《太平寰宇记》称：『冬夏常热，禽鸟之类入者则烂，以煮豆谷，终日不熟。草木濯之，转见鲜茂。』恒定的水温、清洁的泉水，加之汤山附近鸟语花香、环境雅静，其地又距南京不远，故令汤山温泉之著称由来已久。

一九三〇年代的汤山温泉

『温泉水滑洗凝脂』。汤山温泉之水富含钾、钙、镁、硫酸盐等三十多种微量元素及矿物质，沐浴或饮用温泉之水，对皮肤病、关节炎、风湿症、高血压等多种顽疾疗效显著。石迈《古迹编》云：

『用以洗浴，治疮，饮之，已肠胃冷疾。』自南朝时起，汤山温泉便是都城建康东郊著名的汤沐胜地，达官显贵常至此游览沐浴。南朝刘宋江夏王刘义恭曾题写过《汤泉诗》：『秦都壮温谷，汉京丽汤泉。炎德潜远液，暄波起兹源。』诗题的『汤泉』即指此处。萧梁时期，太后亦曾来此休沐治疗。当时的汤山温泉，尽睹六朝豪华、翠葆霓旌之盛。

唐德宗时，浙西观察史韩滉的小女儿长期患有『恶疾』，至汤泉沐浴后竟然『应时而愈』，韩滉『乃以女妆奁，建精舍于汤山之右，且求僧以主寺事』，名曰圣汤延祥寺，俗称『汤王庙』。南唐时期，汤山下曾建有汤泉馆，名臣徐铉为之作《汤泉旧馆》诗。二十世纪三十年代，国民党元老吴稚晖带头捐款，拟复建汤泉馆，惜因抗战爆发而被迫中止。

汤王庙旧影

历代对汤山温泉之吟咏可谓甚众，其中尤以北宋周公沔之诗富有深意，时论许之『最为警拔』：『雁门泉水热于汤，清净源从古道场。应笑骊山山下水，至今犹带脂粉香。』清代诗人袁枚在担任江宁知县时，也对温泉养生偏爱有加，作《浴汤山五绝句》诗云：『方池有水是谁烧？暖气腾腾类涌潮。五日熏蒸三日浴，鬓霜一点不曾消。』

民国成立后，随着汤山地区交通、环境之改善，汤山温泉再次出现冠盖如云的场景。清末民初显赫一时的岑春煊，曾因足疾偶发，『承王铁珊省长相约来浴汤泉』。民国八年（一九一九），江苏督军李纯、江宁镇守使齐燮元等人仿效北京『安福系』的做法，成立了『南汤山俱乐部』，以组建政治派系。在那个风云涤荡的时代，韩国钧的一首《题陶庐》，借汤山温泉之洁净，道出了高洁之士孑然独立的愿望：『山中幸有温泉浴，世上应无凉血人。洗净俗尘三百斛，还吾清净本来身。』

在国民政府建都南京后，大批军政官员如于右任、戴季陶等人皆在汤山营建别墅、书屋。其中最著名者，要数江宁士绅陶保晋的『陶庐』。一九二〇年，陶氏在上海实业家刘伯森的支持下成立南汤山兴业公司，在江宁购地四亩三分，兴建了温泉别墅一座，引流入室，面向社会营业。该建筑采中西合璧之风格，因慕其祖先陶渊明『吾爱吾庐』之意，取名陶庐。其后，陶保晋又以此地为慈善基地，创办了南京红卍字会。抗战胜利后，因陶氏曾服务于伪政府，陶庐遂被没收，后经修缮，成为蒋中正、宋美龄夫妇的专用温泉别墅，自此更加闻名遐迩。

一九八三年，『汤山温沐』已被列为『新金陵四十景』之一。二〇一一年，汤山被国土资源部评为『中国温泉之乡』。二〇一二年十月，世界温泉及气候养生联合会授予汤山『世界著名温泉小镇』称号，并确定汤山为『世界温泉论坛』永久会址。二〇一五年，成功创建国家级旅游度假区。除了供游人休沐外，汤山温泉还可用于保苗、育萍、催种、养殖等农业工作以及地震预测。今日之汤山，建有众多疗养院、游泳池、浴室，共有大小汤池百余个，可以满足不同人群之休沐需求。汤山温泉之魅力与闲情，历千年而弥新。

汤山天然温泉

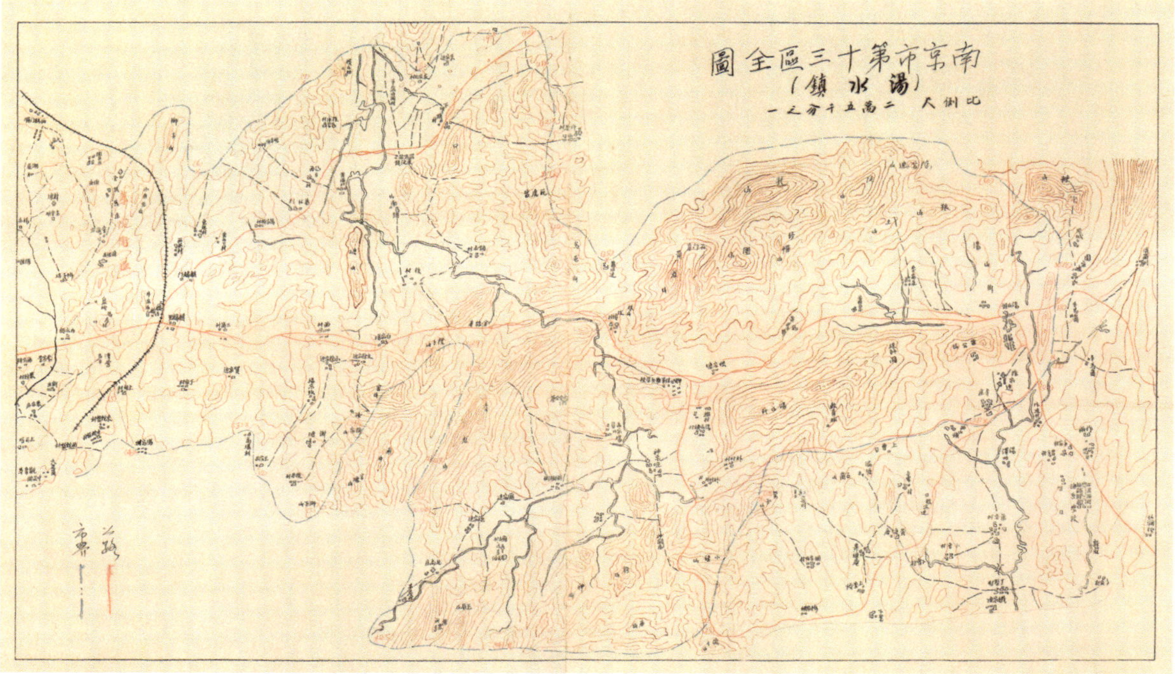

南京市第十三区全图·汤水镇（民国）

链接：汤山温泉由来的民间传说

在南京的汤山镇有一座山名叫射乌山，传说是后羿射日所登的山。

盘古开天辟地之后，起初风调雨顺，人兽和睦。世间万物幸福地生活着。可后来有一年，突然天上冒出来十个太阳，把大地烤得像火炉，人和兽烤得死的死、逃的逃。这时，后羿率领部落就住在汤山。他是出名的神箭手，他听老人说，太阳是三只脚的金乌鸦变的，于是他就带上弓箭，爬上高山，拉满弓，瞄准一个太阳就是一箭。果然，从天上掉下来一只大乌鸦。

这下后羿更有把握了，他又一箭接着一箭射上天空，一连射了九箭，射落了九个太阳。于是，大地恢复了阴凉，树木变绿了，庄稼返青了，人和动物又过上了好日子。

后羿射中了九个太阳，其中八箭射到当中，而有一箭却射偏了一点，还未冷透就落到汤山山肚里去了，把地底下的泉水烧得滚烫，于是汤山就有了温泉。

肆

胜迹名

初宁陵

初宁陵，是『金戈铁马，气吞万里如虎』的南朝宋开国皇帝宋武帝刘裕之陵，位于南京市江宁区麒麟街道麒麟铺，在江宁区人民政府东北约十八公里处。

宋武帝刘裕（三六三—四二二），字德舆，小字寄奴，祖籍彭城（今江苏省徐州市），生于京口（今江苏省镇江市），西汉楚元王刘交之后，杰出的政治家、军事家。刘裕自幼家贫，以种地、卖履为业。后投戎建功，入名将刘牢之麾下，成为东晋劲旅北府兵的将领。在平定孙恩之乱时，刘裕转战三吴，军功卓越，崭露头角。元兴三年（四〇四），刘裕聚集北府兵将在京口举义，讨伐篡位者桓玄，次年拥立晋安帝司马德宗复位，掌控了东晋军政大权。随后，刘裕数次北伐西征，恢复故土。义熙六年（四一〇）灭南燕，青齐遂入版图。义熙九年攻灭谯蜀，四川重归晋室。同年威服仇池，攻占汉中。义熙十二年收复洛阳，次年

初宁陵石刻（西）

又灭后秦，克复长安。义熙十四年刘裕受相国、宋公、九锡之命，另立司马德文为帝，次年进爵宋王。元熙二年（四二〇），刘裕逼迫晋恭帝司马德文退位，代晋称帝，国号宋，年号永初。刘裕主政及称帝期间，施行土断，禁止兼并，打击豪强，政绩颇为显著。惜其在位仅三年，于永初三年（四二二）五月驾崩，谥武皇帝，庙号高祖。七月，葬初宁陵。

初宁陵原有规模较大之陵园，内有寝殿和陵庙建筑，是刘裕夫妇合葬墓。除刘裕本人外，据《宋书·后妃传》载，陵中还祔葬有从丹徒迁移而来的臧皇后梓宫。宋文帝以下历代帝王，『自元嘉以来，每正月舆驾必谒初宁陵。』刘宋元嘉十四年（四三七），初宁陵石刻曾因地震有所损伤。大明七年（四六三）又有『大风折初宁陵华表』。在一九三五年出版的《六朝陵墓调查报告》一书中，朱希祖考订江宁麒麟铺两件石兽即为宋武帝初宁陵前石雕。当时，两尊石麒麟『在陵左者倒于水塘边，已不全；在陵右者，尚完整，未倒，唯头顶缺』。

初宁陵石刻（东）

『六朝芳字留残碣，一带斜阳认古丘。』今测初宁陵的方位为南偏西五度，二石兽东西相对，均为雄性。东兽为天禄，头上双角已断，四肢及尾部皆残缺，胸、腹剥蚀严重；修复后身长二点九米，连同底部添置的石墩高二点九米，体围三点一三米。西兽为麒麟，头上独角亦断，四肢犹存，但额、尾残损，足为五趾；身长三点一八米，高二点七八米，体围三点二一米，修复后在腹下、胸前各置一活动石墩，以减轻四肢重量。二者原来相距五十四点五米，一九五六年石刻修复时有较大移动，现相距二十三点四米，但方向未变。此二石兽造型相似，唯身体细部纹饰略有不同，均昂首挺胸，眦目张口，颌下长须垂胸，腹侧浮雕双翼，翼前饰鱼鳞纹，遍体浅刻勾云纹，极具装饰效果。这对石兽是现存南朝陵墓神道石刻中最早的一对，形貌虽残，风韵犹存，气势非凡，弥足珍奇。一九八八年，初宁陵石刻作为南朝陵墓石刻的一部分，被列为全国重点文物保护单位。

此外，另有学者认为，宋武帝初宁陵应在蒋陵东南蒋庙附近，推测位于今马群一带；麒麟铺南朝陵墓石刻更有可能属于宋文帝长宁陵。

链接：民国·朱偰《吊六朝诸陵》

建康陵墓尽残丛，石兽苍凉夕照中。断碣飘零三国雨，铜驼惨淡六朝风。

神州河朔悲丧乱，南部江山苦战攻。最是西京俱泯灭，不堪回首旧金墉。

万安陵

万安陵，是南朝陈开国皇帝陈武帝陈霸先长眠之所，位于江宁区东山街道石马冲，在江宁区人民政府以东约五公里处。

陈武帝陈霸先（五〇三—五五九），字兴国，小字法生，吴兴郡长城县（今浙江省长兴县）人，是南朝陈的创立者，堪称一代风云人物。陈霸先家世寒微，初为乡里司，后至建康（今南京市）为油库吏，再转为梁武帝侄子、新喻侯萧映传令吏。陈霸先行事勤恳果敢，受到萧映的赏识。大同六年（五四〇），萧映任广州刺史，陈霸先随任中直兵参军，开启了他戎马一生的征途。大同十一年，陈霸先平定交州（今越南北部）李贲叛乱，战功显赫，威震岭南。太清三年（五四九），陈霸先起兵岭南，入援内地，与王僧辩协力，承圣元年（五五二）共同平定侯景之乱，剪除元凶。承圣三年，西魏破江陵，梁元帝被杀。陈霸先与王僧辩为拥立皇帝之事产生矛盾。绍泰元年（五五五）陈霸先袭杀王僧辩，立萧方智为帝，是为梁敬帝。陈霸先全面掌控梁之朝政后，北击北齐，南定萧勃，挫败王琳，巩固其权位。太平二年（五五七），梁敬帝禅位于陈霸先，陈霸先称帝，国号陈，年号永定。永定三年（五五九）六月，陈霸先驾崩，谥号武帝，庙号高祖。八月丙申，葬于万安陵，皇后章氏亦葬于此。

万安陵石刻今貌

朱偰先生拍摄的万安陵石刻

据史书记载，万安陵曾遭到严重破坏。开皇九年（五八九）隋灭陈，王僧辩之子王颁纠集其父旧部千余人，夜掘万安陵。剖棺后，『见陈武帝须皆不落，其本皆出自骨中』，随即焚尸泄愤，并取骨灰投水而饮，替父报仇。王颁自缚归罪，镇守江南的晋王杨广上表陈述其情，隋文帝批复道：『朕以义平陈。王颁所为，亦孝义之道，何忍罪之？』于是『舍而不问』。至唐初，万安陵始得保护。贞观十一年（六三七），唐太宗李世民曾下诏『百步之内禁樵采』。对于王颁掘陵一事，清代学者陈文述有诗叹曰：『当年僧辩平侯景，太室铭刻定不祧。立长有心图却敌，背盟何意出同僚。未容方智生南国，终遣萧庄死北朝。无复万安陵寝在，空余石马势腾骁。』

万安陵的位置，历代史志皆有记述，但里程俱有差别。唐《元和郡县图志》记载：『陈武帝霸先万安陵，在县东三十八里方山西北。』唐《建康实录》又载万安陵『在今县东南三十里彭城驿侧，周六十步，高二丈』。南宋《六朝事迹编类》称，『今县东崇礼乡，地名陵里，有曰天子林，其地有石麒麟二，里俗相传，即陈高祖墓也，去城二十五里』。清初顾炎武《肇域志》称万安陵『石兽尚存，今呼石马冲』。二十世纪三十年代，朱偰所撰《建康兰陵六朝陵墓图考》认定石马冲南朝陵墓石刻即属陈武帝万安陵，后来姚迁、古兵《南朝陵墓石刻》、罗宗真《六朝陵墓及其石刻》、林树中《南朝陵墓雕刻》皆从其说。又日本学者曾布川宽则认为石马冲石兽属于南齐之制。

万安陵前现存石兽二，南北相对，二兽之间相距四十八点八米，均为雄性。北兽似天禄，身长二点五米，高二点五七米，体围二点四三米，保存较完整。南兽似麒麟，身长二点七二米，高二点二八米，体围二点五六米，颈部断裂，胸部碎裂，残缺严重，据说为侵华日军打靶射击所致。二石兽均有翼无角，昂首张口，头有鬣毛，长舌下垂，须拂胸际。其身上纹饰皆较为简练，风格独特，体型较大，类似辟邪。一九六三年将二石兽从土中挖出，在原位置加固其座，后将石兽提升至地表，加以修复。一九八八年，万安陵石刻作为南朝陵墓石刻之一，被列为全国重点文物保护单位。近年来，万安陵石刻上已加盖保护亭，以避免风雨侵蚀，其周边则辟为绿地公园。一代雄主之陵寝，饱经风霜，终得安静祥和之护佑。

链接：千秋功业陈霸先

历史人物的评价，或会随着时代的变迁，有所高低与上下。如果将陈武帝放在中国历代帝王中较其地位高低，将陈霸先置于中国历史文化中论其贡献大小，将引发我们今人更多的思考，收获更加丰富的智慧。

陈朝吏部尚书姚察曰：『高祖英略大度，应变无方，盖汉高、魏武之亚矣』；唐朝名臣魏徵曰：『高祖……方诸鼎峙之雄，足以无惭权、备矣。』这是以陈武帝陈霸先比拟汉高祖刘邦、魏武帝曹操、东吴大帝孙权、蜀汉先主刘备。

明末清初思想家王夫之曰：『陈高非忠于萧氏，而保中国之遗民，延数十年，以待隋之一统，则功亦伟矣哉！』

民国史学家吕思勉曰：『陈武帝与宋武帝，并有外攘之功，陈武之所成就，似不如宋武之大，然此乃时势为之，论其功绩，则陈武实在宋武之上。……陈武诚文武兼资，不世出之伟人哉！』

现代文史大家卞孝萱综而论之曰：『刘邦与陈霸先都出身寒微，似乎可比；但刘邦建立的西汉，是统一的王朝，而陈霸先建立的陈，不是统一的王朝，姚察借刘邦以誉陈霸先，未免抬高了陈』；『姚察以曹操比陈霸先，旨在尊陈为正统；而魏徵以孙权、刘备比陈霸先，意在贬陈为闰位。……以曹操、孙权、刘备比陈霸先，都不恰当。因为曹魏、孙吴、蜀汉都是汉族政权，可云分裂；而陈朝是对抗北齐、北周（鲜卑贵族政权）和后梁（鲜卑族傀儡政权）的汉族政权，性质不一样』；『王夫之、吕思勉在历代史家中独能充分认识陈霸先历史功绩。……在南北朝北强南弱形势下，誓不投降，智勇抗敌，保卫南方最后一个汉族政权和中华传统文化「最有功」的陈霸先，值得我们永远纪念。』

胡阿祥所撰浙江省长兴县《陈武帝故宫·礼赞》：『智以绥物，武以宁乱；隆功茂德，光有天下。伟哉陈武！南方崛起，正统屹然；贻鉴千秋，风雨沧桑。美哉陈朝！舜裔流芳，蔚起帝皇；千枝万叶，彪炳华章。盛哉陈姓！』

南唐二陵

南唐二陵，为南唐开国皇帝李昪及其皇后宋氏的钦陵、中主李璟及其皇后钟氏的顺陵。二陵位于风景秀丽的祖堂山西南麓，在江宁区人民政府西南约十八公里处。

李昪钦陵

南唐烈祖李昪（八八九—九四三），原名徐知诰，字正伦，小字彭奴，徐州彭城（今江苏省徐州市）人，是南唐的建立者。李昪出身微贱，自幼在濠州（今安徽省凤阳县）一带流浪，战乱中为唐淮南节度使杨行密收养，后来又成为吴国丞相徐温的养子，遂改姓徐。天祐八年（九一一）至十四年，徐知诰主政昇州（今南京市），在任褒廉能，课农桑，宽刑法，推恩信，延揽人才，节俭自励，治绩显著，甚得民心。九二七年徐温病死后，徐知诰被任命为太尉、中书令、都督中外诸军事，全面掌管了杨吴执政大权。天祚三年（九三七），徐知诰以齐王身份接受吴帝杨溥的禅让，国号齐，年号昪元，建都金陵（今南京市）。昪元三年（九三九），徐知诰因自称为唐宪宗之子、建王李恪（另说是唐玄宗之子、永王李璘)之后，改国号为唐，并恢复李姓，改名为昇。李昇在位时，境内安定，经济发展，人才众多，俨然成为南方大国。及至晚年，迷信方士，服食金丹，遇事暴怒，政失民心。昇元七年(九四三)二月驾崩。十一月葬于钦陵，庙号烈祖。

李璟(九一六—九六一)，初名景通，字伯玉，南唐烈祖李昇长子，保大元年(九四三)嗣位。后因对后周称臣，削去帝号，史称南唐中主。李璟即位后开始大规模对外用兵，消灭闽、楚二国，使南唐疆土臻于极盛。李璟好读书，多才多艺。常与宠臣韩熙载、冯延巳等饮宴赋诗。其词感情真挚，风格清新，语言不事雕琢，『小楼吹彻玉笙寒』便是流芳千古的名句。李璟、李煜父子之词作后被收入《南唐二主词》中。但李璟奢侈无度，政治腐败，导致国力下降。后周夺取淮南江北之地后，被迫迁都至南昌。建隆二年(九六一)崩于南昌府，葬于顺陵。死后获宗主国宋朝特许，追封庙号为元宗。

李昇钦陵与李璟顺陵相距五十米，东西并列，由江文蔚和韩熙载设计。从远处纵观群山，形如一条巨龙，祖堂山为龙首，二陵则正位于龙口位置，可谓风水宝地。钦陵封土堆直径约三十米，高约五米。陵南向，墓室全长二十一点四八米，宽十点四五米，高五点三米。有前、中、后三室，前两进为砖砌仿木结构，后进全以青条石建筑。石门楣上浮雕的双龙戏珠，神采飞动。门两侧石壁浮雕的武士披甲戴盔，足登祥云，但体态肥腴，略显慵懒，富有时代特色。这些浮雕刚出土时，涂金彩绘还光彩熠熠。石棺周围

李璟顺陵

南唐二陵早期的参观券

浮雕着龙纹，是安放李昪和宋皇后棺木之处。墓室顶部绘有日月星辰，地面青石板上凿刻着江河大地。顺陵布局与结构和钦陵雷同，墓室全长二十一点九米，宽十点一二米，高五点四二米。但形制略简，全部为砖结构，既无天象河川之图象，也无石刻浮雕。

南唐二陵早年多遭盗扰，其所在之地，民众原称之为『太子墩』。一九五〇—一九五一年由南京博物院组织发掘，是中华人民共和国成立后最早发掘的帝王陵墓。南唐二陵布局规矩，结构严谨，并保存有精细的石雕和彩画，对研究中国古代的建筑、艺术及陵寝制度皆有重要价值。出土文物中的玉哀册，刻字填金；而数以百计的陶俑，包括男女宫中侍从俑、舞俑，以及各种动物俑，制作精湛，表情生动逼真，为南方唐宋墓中所罕见。

因为年代久远，南唐二陵的地面陵寝建筑早已不存。二〇一〇年，为纪念南唐二陵考古发掘六十周年，南京市博物馆与南唐二陵文管所对陵园进行了全面考古勘探与试掘，发现了陵垣、陵门、陵寝建筑、道路、墓葬、窑址、砖砌排水沟等遗迹，这对于全面揭示陵园布局、研究唐宋帝陵制度具有重要学术价值。值得一提的是，此次在顺陵西北约一百米的缓坡上，发现一座规模较大的南唐砖石结构墓葬，其墓主推测为南唐后主李煜昭惠国后周氏，陵号懿陵。而在顺陵西北约七十米处还有一处大土墩，有学者推测此处可能就是后主李煜为自己预留的、与大小两位周后合葬的陵地。

链接：李煜墓地今何在？

南唐前后共有三位皇帝，先主李昪、中主李璟之陵，即江宁之南唐二陵。而著名的词人皇帝、南唐后主李煜（九三七—九七八），因为国破家亡，被迁至宋都汴梁软禁，客死他乡，因而未能埋葬在其父祖的陵旁。根据马令《南唐书》记载，李煜死于汴梁宅邸，宋太宗『追封吴王，以王礼葬洛京之北邙山。江南人闻之，巷哭，设斋』。

据李煜旧部、北宋臣子徐铉奉旨所撰的《大宋左千牛卫上将军追封吴王陇西公墓志铭》即李煜墓志铭的记述，李煜的墓地『二室南峙，三川东注，瞻上阳之宫阙，望北邙之灵树』，这说明李煜墓地遥对嵩岳之太室、少室二山，瀍河、洛水、伊河从坟前东去，在墓地附近，上阳宫隐约可见。但是时隔千年，李煜墓的具体位置何在，始终无法确认。二〇一三年，洛阳市文物管理局曾发布消息称，在洛阳孟津县发现了疑似南唐后主李煜之墓，但因为缺乏墓志铭等坚实的证据，目前尚无法证实。

阳山碑材

阳山碑材又称孝陵碑材，位于南京市江宁区汤山街道阳山西南麓，在江宁区人民政府东北约二十五公里处，是明成祖朱棣为其父太祖朱元璋选取的墓碑碑材，后因废弃未用，遂留存于阳山之中。

阳山山体由石灰岩构成，石质坚硬而有光泽，自六朝以来多用作陵墓柱础、石刻等建筑用材，至今仍存古采石场遗迹约三万平方米。明永乐三年（一四〇五），明成祖朱棣为颂扬其父朱元璋功德，拟凿刻『神功圣德碑』作为孝陵之墓碑，遂在东郊阳山选取石料，开凿碑材。

明太祖朱元璋画像

碑材由碑座、碑额、碑身三部分构成。碑座长三十点三五米，厚十三米，高十六米，底部已凿空，仅留两行石

阳山古采石场

柱支撑，西北端仍与山岩相连。碑额呈椭圆形，在碑座东北约一百米处，高十点七米，宽二十点三米，厚八点四米，通体凿有石牙十四个，拟为镌刻蟠龙之雏形，其底部也已凿空，仅留三行石柱支撑。碑身在碑额旁六米处，为长方形，横卧地面，长四十九点四米，宽十点七米，厚四点四米，东北端与山岩尚未凿断，底部留有三行石柱支撑，其余均与山体分离。若将碑座、碑身、碑额一一垒起，通高近八十米，重三万余吨，堪称旷世巨碑。二〇〇五年，阳山碑材作为世界最大碑材，成功申报吉尼斯世界记录。二〇一三年被列为全国重点文物保护单位。

数百年来，凡是造访过阳山的文人学者，莫不对此巨碑啧啧感叹。明代学士胡广曾这样描述其目睹阳山碑材时的观感：『仰见碑石，

阳山碑材碑座

阳山碑材之碑额、碑身

穹然城立。』清代文人、曾任江宁县令的袁枚在游阳山时写过一首《洪武大石碑歌》，对碑材作了生动形象的描绘：『青龙山前石一方，弓尺量之十丈长，两头未截空中央。旁有赑屃形更大，直斩奇峰为一坐，欲负不负身尚卧。相传高皇开创气概雄，欲移此碑陵寝中，大书功德告祖宗，压倒唐汉惊羲农。碑如长剑青天倚，十万骆驼拉不起』，云云。

明成祖朱棣之所以将阳山碑材凿成如此惊世骇俗的体量，据说与其得位不正有关。建文四年（一四〇二），燕王朱棣发起『靖难之役』，攻入南京，夺其侄建文帝朱允炆之位。登基后，朱棣一方面清除建文旧党，大开杀戒，废黜建文朝的诸项政策；另一方面大事营造、四处征伐，以强有力之威权，推动了郑和下西洋、修筑北京城、疏浚大运河、营建大报恩寺、编修《永乐大典》等旷世工程，又六出漠北，南征安南，建立不世之功勋。而为其父开凿阳山碑材，以祖述太祖功德，表彰其『孝道』，也属于朱棣以『事功』彰显正统、争夺政治『话语权』的手段。

为了取此石材，民众付出了非凡的艰辛与无尽的血汗，今阳山附近的坟头村，即是民工石匠的合葬之地。当时，三块石材都已成形，其中碑额已与山体分开，碑身、碑座也仅有一端与山相连。大功即将告成，工程却戛然而止，碑材亦废弃不用，这令后人疑惑难解。如今明孝陵中的神功圣德碑，虽以八点七八米的高度，位列明清皇陵之最，但与阳山碑材相比，显然相形见绌。对于碑材废弃之理由，正史毫无线索，民间众说纷纭。清代甘熙猜测其主要原因或许是碑材的体积太大，重量太巨，根本难以运输：『麒麟门外坟头地方，道旁有大碑。……相传明初所遗，将以备孝陵用者，盖当时因笨重难运，故置之耳。……观此而明祖之好大喜功可知矣。』当地亦有民谣：『东流到西流，锁石锁坟头，东也流，西也流，就是搬不走，要搬这石头，除非山能走。』也有人认为，工程停工与朱棣筹划迁都北京有关。

六百个春秋转瞬即逝，阳山碑材历经风雨沧桑，仍旧巍然屹立。多年以来，地方政府对阳山碑材周边环境颇事维护出新，如今的碑材，不仅恢复了昔日的壮观，旅游部门在保护区范围之外，还兴建了一处仿明建筑群，命名为『明文化村』，以烘托阳山明代文化之磅礴底蕴。

链接：大明孝陵神功圣德碑

阳山碑材原本是为制作大明孝陵神功圣德碑而开凿的。其后阳山碑材虽然废弃，神功圣德碑却仍然树立了起来。如今明孝陵的神功圣德碑位于『四方城』内，驮碑的龟趺高二点零八米，碑高八点七八米，是南京地区现存最大的古代碑刻。

神功圣德碑碑文由朱棣亲撰，凡二千七百四十六字，主要包括以下六部分内容：首先讲述朱元璋生于凤阳，先世为句容大族；其次讲他为民请愿，发迹定远之事；其三，定都南京，建国称帝；其四，废除旧制，选贤唯能；其五，分封诸侯，平定天下；其六，铭刻朱氏子孙百余人之名爵。碑刻的落款为『永乐十一年九月十八日孝子嗣皇帝棣谨述』。

定林寺

定林寺位于南京市江宁区方山西北麓，其寺自创始至今，已有一千五百多年的历史，移建于方山亦有八百余载，号称金陵东南之名刹。

历史上，定林寺分为上、下二寺。南朝宋景平二年（四二四），慧觉于钟山蒋陵里始创下定林寺。其时，高僧求那跋摩、昙无谶皆驻锡于此，后又有僧镜、僧弘等在此讲经弘法。宋元嘉十六年（四三九），竺法秀在钟山应潮井后、下定林寺之西兴建上定林寺。《南朝佛寺志》称：『后有僧祐，凡获信施，悉以营缮。傅弘并建经纶藏，而寺乃大盛。自宋暨梁，高僧……无虑数十人，皆居于是。』上定林寺很快成为江左佛门之盛地。刘勰曾三次留居上定林寺，前后长达二十年之久，中国第一部文学理论巨著《文心雕龙》即完成于此。北宋熙宁九年（一〇七六），王安石罢相之后，隐居金陵半山园。这位失意的大政治家常常流连于钟山之上，涉足于定林佛寺之间。在其《定林寺》一诗中，他用『楚老一枝筇，于此傲人群』的诗句表达了自己的孤傲之气。南宋时期，因追慕王安石，诗人陆游曾两次慕名瞻仰寺中的王氏画像，并在定林寺内题壁留念：『乾道乙酉七月四日笠泽陆务观冒大雨独游定林。』

南宋孝宗乾道年间（一一六五—一一七三），高僧善鉴自秦地（今陕西一带）而来，将『上定林寺』匾额请移至方山，重建定林禅寺，与钟山的旧上定林寺在子午线上南北相对，同时建定林寺塔专供佛像。元代，寺中有退庵无公及弟子高公、演公同朝入京讲法，号曰『定林三居士』。元至正年间，寺院曾有修缮。

明代定林寺为『中刹』，上属灵谷寺统领，下辖东霞寺与外永福寺。『风气凝聚，林木蓊郁，隐映于林壑之间。』据南京太常寺少卿翟瑛《重建方山定林寺纪略》记载，曾有寺院住持道泰建大佛殿及四天王殿。天顺四年（一四六〇），金陵居士朱福珍慷慨解囊，开始重建方山定林寺，毗卢殿、大士殿、金刚殿、轮藏殿等构筑一新，其余如『大藏尊经及诸供器之类』亦颇周备。朱氏诸子朱镛、朱铎又陆续修缮了斋堂、禅堂、廊庑、方丈、山门。工程前后历时二十余年，至成化十八年（一四八二）终告落成。新落成的定林寺规模宏丽，浮图殊胜。

航拍定林寺

据《南京方山定林寺建筑遗址发掘简报》分析，明清时期规模宏大的定林寺，主要建筑毁于咸丰年间的太平天国战争。清末光绪年间，定林寺迎来了一次『中兴』，有世称『道明师祖』的僧人四方募化，重修寺院，香火再兴，不过咸丰以前的盛况却已难以恢复。二十世纪三十年代，朱偰先生寻访方山古迹时发现，该寺『半付劫灰，所余仅天王殿、东庑、方丈及寺西七级砖浮图』。可惜当年遗迹，在『文革』浩劫之中又遭劫毁，仅有南宋乾道九年（一一七三）建寺之初兴建的砖塔尚存，其余建筑片瓦不存。

定林寺塔现塔高约十四点五米，为七层八面仿木结构楼阁式砖塔。底层层间较高，边长一点四六米，直径三点四五米。底层和第二层为内方外八角形状，第三层至第七层内部均为圆筒形。底层仅南面开门，其余六层均四面开门。底层外部南面中央有石雕须弥座，东、西、北三面各有佛龛。塔身各面均为仿木的砖石柱枋、斗拱。第二层以上各层均围有叠涩砖出挑的短檐、平座，檐角就地采用石质轻、易加工且能持久的火山石为材料做角梁。近世以来，定林寺塔因塔身大于七点五度的倾斜而声名远扬。苏州的虎丘塔倾斜度为三点五度，意大利著名的比萨斜塔倾斜度为四度。相较而言，定林寺塔经纠偏后仍有五点三度的倾斜度，堪称世界第一斜塔。

定林寺塔旧影

『南朝四百八十寺，多少楼台烟雨中。』近年以来，定林寺开始逐渐恢复其往日的辉煌景观，重建了大雄宝殿、祖师殿、伽蓝殿、钟楼、鼓楼、藏经楼等建筑，规模宏阔，远迈前代。方山第一宝刹，终得盛世重光。

链接：方山定林寺的『乳钟』与石钟乳

据明代葛寅亮的《金陵梵刹志》记载，旧时的定林寺内曾有『乳钟』一座，号曰景阳钟。因为钟上有一百零八个乳钉，且敲打不同之处声音各异，因而得名。当时相传有勋贵曾将此钟据为己有，但搬走后扣之无声，无奈只能将乳钟返还寺院。回归故地后，再扣此钟，声音如故，堪称寺中奇观。至明末此钟仍存。

如今，定林寺几经兴废，古代神乎其神的乳钟早已没有了踪影。不过重建的定林寺天王殿外，倒是安放了两尊高达4米左右的石钟乳，形成时间在万年以上，堪称新时代的镇寺之瑰宝。

洞玄观

洞玄观，位于南京市江宁区方山南麓，是典籍记载中江东最早的道观。至唐末，方山洞玄观被列入道教洞天福地的『七十二福地』之一，名扬海内，在南京乃至全国道教史上皆占有特殊之地位。

历代史志大多记载，洞玄观始建于孙吴赤乌二年（二三九）或三年（二四〇），由吴大帝孙权为葛玄所立。如唐代《建康实录》引南朝《舆地志》云：『赤乌二年，为（葛）玄于方山立观。』《建康实录》又称，『今方山犹有玄煑药铛及药臼在。』明代《金陵玄观志》又称洞玄观是『葛仙公玄白日飞升处』，观内还有『葛仙翁炼丹井』。葛玄（一六四—二四四），字孝先，丹阳句容人，为道教灵宝派祖师，与张道陵、许逊、萨守坚共为『四大天师』，是早期南方道教传承的关键人物之一。

及至近年，有学者考证认为，洞玄观实际始创应在南朝。现代考古发掘表明，洞玄观遗址未发现孙吴时期的任何遗物，其最早遗存为南朝时期的挡土石墙遗迹及莲花纹瓦当。如此，洞玄观由孙权为葛玄所立之说，可能为南朝道教灵宝派道士或葛氏后人杜撰。洞玄观之真实来历，或与南朝道观崇虚馆有密切联系。南朝宋泰始三年（四六七），宋明帝在建康城北潮沟为高道陆修静辟建崇虚馆。齐永明年间（四八三—四九三），齐武帝改文惠太子东田小苑的殿堂为崇虚馆，将其迁至钟山南麓的蒋陵里。至梁代，陶弘景再迁崇虚馆至天印山。梁代天印山之崇虚馆很有可能即洞玄观前身，其改名『洞玄观』则要迟至唐代。

无论传统说法是否合乎历史的真实，葛玄立观修道之说自南朝陈代以来即广为流传，并普遍

民国洞玄观

为信徒所接受，早已累积成洞玄观久远的文化记忆。北宋杨修之有《洞玄观》诗云：『葛玄功行满三千，白日骖鸾上碧天。留得旧时坛宇在，后人方信有神仙。』元《至正金陵新志》引戚光《集庆志》记载，当时方山洞玄观不仅『羽流日盛』，且『葛氏环观而聚居』，其『子孙亦并山而居不绝』，此皆是『葛玄文化』绵延不绝之见证。

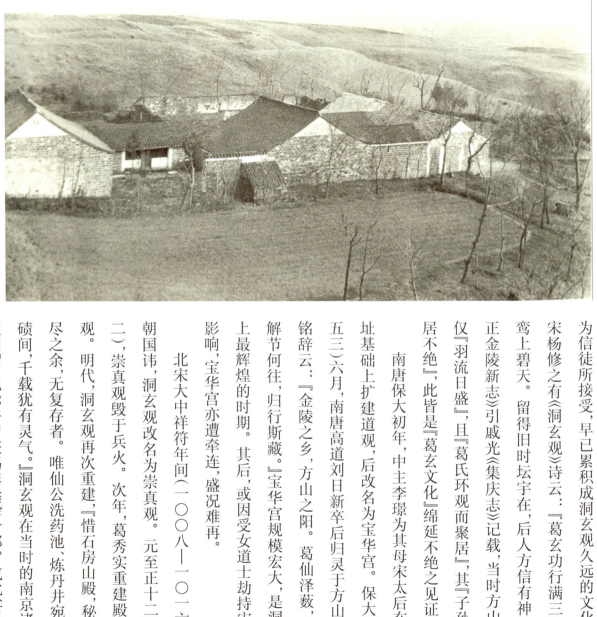

南唐保大初年，中主李璟为其母宋太后在洞玄观旧址基础上扩建道观，后改名为宝华宫。保大十一年（九五三）六月，南唐高道刘日新卒后归灵于方山宝华宫，有铭辞云：『金陵之乡，方山之阳。葛仙泽薮，宝华宫房。解节何往，归行斯藏。』宝华宫规模宏大，是洞玄观历史上最辉煌的时期。其后，或因受女道士劫持宋太后事件影响，宝华宫亦遭牵连，盛况难再。

北宋大中祥符年间（一〇〇八—一〇一六），因避宋朝国讳，洞玄观改名为崇真观。元至正十二年（一三五二），崇真观毁于兵火。次年，葛秀实重建殿宇，渐复旧观。明代，洞玄观再次重建，『惜石房山殿，秘箓神书，煨尽之余，无复存者。唯仙公洗药池、炼丹井宛然，古藤残碛间，千载犹有灵气。』洞玄观在当时的南京诸多宫观中位列『中观』，并曾获赐《道藏》一部。成化、万历时，洞玄观都曾有过修缮。万历年间（一五七三—一六二〇）正式恢复了洞玄观旧名。明代的洞玄观，主要建筑有山门一座、三清殿三楹、仙公殿三楹、道院四房，共有基址十亩。古迹炼丹井在殿左，洗药池在殿右，而传说中的葛玄药臼、煮药铛此时皆已不存。当时的洞玄观，山环水抱，是一处风景秀丽的所在，葛寅亮描绘道：『此地群峰回合，万木萧疏，钟山秀其前，淮水流其下，真仙都福地。』

清代以降，洞玄观日渐衰落。至一九三〇年代初，朱偰先生前往方山考察古迹。当时他所看到的洞玄观『观祀葛玄，后为三清殿，释道杂陈』，又有洗药池、炼丹井等旧迹，观东有小园，『饶奇卉异草，海棠含苞，嫣红欲滴，黄杨牡丹，错落庭除。惟观宇残破，令人不胜苍凉之感。』在抗战之前，洞玄观尚有完整院落，并有专人守护。近年的第三次全国不可移动文物普查中发现，洞玄观遗址仍存民国时建造的三间青砖小屋，惜被后人改建严重，古风荡然。

二〇一四年，江宁区有关部门及江苏省道教协会联合成立了方山洞玄观复建委员会，拟在古洞玄观遗址之东，大力推动新洞玄观的兴建工程，以期再现昔日辉煌。即将复建完工的洞玄观，填补了江宁区无道教活动场所的空白，对于传承道教文化、发掘方山之历史底蕴，将尤有裨益。

链接：《金陵玄观志》

《金陵玄观志》十三卷，明葛寅亮撰。葛寅亮（一五七〇—一六四六），字水鉴，号屺瞻，钱塘（今杭州市）人。万历二十九年（一六〇一）进士，历官南京礼部祠祭司郎中、湖广提学副使、福建提学参议、南京尚宝司卿等。明亡后，先后参加南明弘光、隆武政权，坚持抗清斗争，最终忧愤而死。撰有《金陵梵刹志》、《金陵玄观志》。《金陵玄观志》约成书于万历三十五年（一六〇七）至三十六年间，详细记载了明代南京六十余所道教宫观祠庙的历史沿革、殿堂分布、田地公产、山水古迹、名道事迹、田租赋税、道规制度等，是一部具有较高学术价值的明代南京道教宫观祠庙总志。其体例类乎《金陵梵刹志》，以大观统中观，中观统小庙；各卷分述宫观祠庙，凡殿楹、赡产、山川、古迹、人物、艺文，悉捃摭而胪列之；各宫观祠庙艺文，先录御制文，次录碑记，再录高道传志，次录诗作；对于二大观朝天宫、神乐观，并制定和收录租额、公费、道规条例；朝天宫、神乐观且绘有宫观之图。该书第八卷为方山洞玄观。

郑和墓

郑和墓位于南京市江宁区牛首山西南麓，在江宁区谷里街道境内，是以七下西洋而闻名于世的郑和的长眠之地。

郑和（一三七一—一四三三），世称三保太监，本姓马，出生于云南昆阳州（今云南省晋宁县）一个虔诚的穆斯林家庭。其先祖所菲尔是来自中亚的布哈剌国王之后裔，北宋熙宁三年（一〇七〇）入宋。其五世孙赛典赤·赡思丁作为色目贵族，在元至元十一年（一二七四）任云南行省平章，举家定居云南。郑和之祖、父数代皆为元朝官吏。明洪武十四年（一三八一），三十万明军入滇，郑和被名将傅友德俘虏，成为宦官。十四岁时郑和进入燕王府，渐为朱棣所信任。在『靖难之役』中，郑和立下战功，后赐姓为郑，累迁至内官监太监、应天府守备，官至正四品。永乐三年（一四〇五）至宣德八年（一四三三），『成祖疑惠帝亡海外，欲踪迹之，且耀兵异域，示中国富强』，遂命郑和与王景弘、费信、马欢、洪保等人，率众两万有余，自南京龙江关出水，至太仓刘家港启航，先后七下西洋，行程十万多公里，最远抵达非洲东海岸。途中不畏艰辛，不辱使命，宣扬国威，平息海寇，沟通东西物资交流，使中华之声名文物播誉亚非两洲，使『海上丝绸之路』更趋畅通，实为中国航海史上之一大盛

郑和画像

事。宣德八年（一四三三），郑和在第七次航海途中病逝于印度古里。

郑和文化是江宁乃至南京文化中浓墨重彩的一笔。郑和长期在南京任职生活，船队亦自南京出航，南京现存有众多与郑和相关之遗迹，如龙江宝船厂遗址、静海寺、大报恩寺、天妃宫、净觉寺、郑和墓等。另外，马府街、郑和公园、郑和路等地名也均与之有关。

关于郑和葬地之所在，历来众说纷纭，或云葬于印尼爪哇三宝垅之三宝洞，或云葬于印度古里或苏门答剌。其实诸多传说都缺乏坚强依据，可信度不高。清《同治上江两县志》记载，江宁牛首山『有郑墓，永乐中命下西洋，宣德初复命，卒于古里，赐葬山麓』，清陈作霖《金陵物产风土志》云：『牛首山

郑和宝船模型

明《武备志》中的《郑和航海图》（部分）

郑和墓

郑太监坟，即郑和埋骨处也』，《郑氏家谱》亦云郑和卒后归葬牛首山，并赐祭田万顷。但郑和卒于海上，遗体恐难长久保存，江宁牛首山郑和墓或为郑和衣冠冢。

郑和墓踞于一小山坡上，静谧幽深。墓丘隆起不甚明显，当地民众称之为『马回回墓』，所在山丘亦名『回回山』或『回子山』。据说墓前原有神道石刻、墓碑及享殿数间，均早年被毁。至建国初期，墓前尚有一碑座与零星石刻，墓圹仍清晰可见。墓园周围原分布有郑氏守坟田，西南有一村落，名郑家村，为郑和守墓人之村落。

『秣陵山向墓门青，更立新碑证旧盟。』一九八五年，为纪念郑和航海五百八十周年，国家拨款修复郑和墓，航海巨擘之坟茔，终逢重光。新修的郑和墓按照伊斯兰教葬仪习俗，建成马蹄形墓园，并采用扬州宋代穆斯林普哈丁墓之形制，仿刻石椁墓盖，上刻瑞云、番草、莲瓣纹与阿拉伯文，后墙镌刻『郑和之墓』四个隶书大字。墓道长一百四十点五米，象征郑和于一四〇五年首航，墓前台阶计有四组七层二十八级，寓意郑和七下西洋，访问近四十个国家，前后历时二十八年。墓道两旁列植松柏，四季常青，庄严肃穆。南侧建有碑亭及『南京郑和墓史料陈列馆』，以供观众瞻仰。

二〇〇五年，国务院规定每年七月十一日为『中国航海日』，以纪念郑和七下西洋之壮举，宣扬郑和开拓进取、兼容并蓄之精神。二〇一二年，郑和墓作为中国海上丝绸之路项目遗产点之一，列入中国世界文化遗产预备名单。江宁郑和墓作为郑和精神之象征与寄托，必将世代传承，永绽光芒。

链接：郑和与哥伦布舰队远航情况对照表

	郑和	哥伦布
首航时间	一四〇五年	一四九二年
船只数量	二百多艘，其中大型宝船六十二艘	三艘
航船大小	大型宝船长一百五十一点八米、宽六十一点六米	长二十四点五米、宽六米
舰队人数	二万七千八百人	八十八人

李瑞清墓

李瑞清墓位于南京市江宁区牛首山东麓雪梅岭东侧，距江宁区人民政府约十二公里，是清末民初著名教育家、书画家李瑞清先生之墓园。

李瑞清先生

李瑞清（一八六七—一九二〇），江西临川人，字仲麟，号梅庵，别号清道人，出生于书香门第、官宦世家。其父李必昌在湖南为官三十载，故李瑞清幼年之成长、读书皆在湘省。少年发蒙之后，李瑞清喜诵秦汉文，又潜心于《说文》、三《礼》、《公羊》何氏注。清光绪二十一年（一八九五）中进士，授翰林院庶吉士。闲居之时，撰《梅花赋》、《日赋》、《秋月赋》等文以抒怀明志，文坛传诵一时。后任江宁提学使，兼两江师范学堂（原中央大学前身）监督（校长），并代理江宁布政使等职。任监督期间，以『视教育若性命，学校若家庭，学生为子弟』为办学宗旨，以『嚼得菜根，做得大事』为校训，以『俭朴、勤奋、诚笃』为校风，倡导『匡时而振俗』。在他的悉心主持下，学校声誉日隆，渐成江南第一学府。

辛亥革命之际，江浙联军围攻南京，江苏之清政府官员大多弃职而遁，李瑞清则不畏时局之动荡，坚守其职，率领学堂诸生诵课如常。直至联军入城，李瑞清自以为『亡国大夫，不足与图存』，方才奉印而去。民国成立后，李瑞清隐姓埋名，遁居上海，自号『清道人』，张勋曾几度向袁世凯总统举荐他出山，但他坚辞不就。

民国初年，李瑞清曾负责主修家乡临川之县志。他通晓文字学、金石考据、书画鉴别，对中国书法、绘画艺术的源流探讨富有独到见解。其诗宗汉魏，书画俱佳，代表作有《松石牡丹灵芝图》等，南京大学鼓楼校区现存『两江师范学堂』匾额，亦是李氏所书，笔画沉着厚重，字体遒劲有力。晚年的李瑞清以卖字鬻画为生。他一生诲人不倦，门下桃李芬芳，拜师学艺者盈门。著名学者及书法家胡小石、国画大师张大千、美术教育家吕凤子以及抚州书法家李仲乾、何砚青、黄鸿图等，均出自其门下。

李瑞清还是一位性情中人。平生食量过人，尤喜持蟹，因自戏号『李百蟹』。少年时受教于长沙学官余祚馨，余氏将自己的三位千金先后聘于瑞清，但三人不是未婚便卒，就是婚后不久即殁，因此他发誓终身不复娶妻。李瑞清原本钟爱梅花，其三位亡妻的名字中又均带有梅字，于是曾自取阿梅、梅痴、梅盦、梅花盦主等表字或别号，以寄哀恸之情，不忘

李瑞清墓

故人。

民国九年（一九二〇）八月，李瑞清因中风发作逝世，谥文洁公。康有为书赠挽联，挚友曾熙与弟子胡小石、张大千等人治丧。因其临终前遗言归葬金陵，遂将遗体葬于南京牛首山东麓，墓碑题曰『李文洁公之墓』。墓旁植梅三百株，并在牛首山罗汉泉旁筑有精舍数间，题名『玉梅花庵』，以资纪念。精舍位于山腰，墓园位于山麓，上下呼应，一脉相承。墓地坐北朝南，为块石和混凝土砌筑。周长约二十米，墓底径二点一米，高一点三米。远看呈马蹄状，周围有十多株女贞子和高大乔木环绕，郁郁苍苍，庄严肃穆。

『文化大革命』中，李瑞清墓曾遭破坏。一九八六年，李墓得到初步整修。二〇〇二年，南京大学百年校庆之际，饮水思源，抚今追昔，与江宁区文化局共同出资对李墓进行了修葺，并围以方形石护栏一圈，铭刻《整修李瑞清先生墓记》花岗岩碑一方。

如今的李瑞清墓园，苍山翠色掩映其间，雅致古朴，周围是农舍人家，山村水郭，环境十分幽静。先生『匡时而振俗』的事迹必将为后人所铭记；先生『嚼得菜根，做得大事』的校训，仍激励着南大一代又一代的莘莘学子，历久而弥新。

链接：两江师范学堂简史

清光绪二十七年（一九〇一），清廷谕令各省督抚学政兴办学堂。次年，张之洞奏请于江宁府设立三江师范学堂，作为东南最高学府。学堂选址于北极阁下原南京国子监旧址，暂借江宁府署先行开办。所谓『三江』，即苏皖赣三省，『凡江苏、安徽、江西三省士人皆得入堂受学。』

光绪三十年（一九〇四），三江师范学堂正式招生。光绪三十二年，两江总督周馥改校名为『两江师范学堂』，以李瑞清为学堂监督。李氏『视教育若性命，学校若家庭，学生为子弟』，提出了『嚼得菜根，做得大事』的校训，办学规模逐渐扩大，使两江师范很快成为『中国师范学堂之嚆矢』。

辛亥革命之后，李瑞清辞职，两江师生四散而去。陈其美的沪军驻扎在学堂内，因失火导致校舍、仪器大半焚毁。民国二年（一九一三）『二次革命』时，两江师范学堂再遭兵乱，江苏省教育司下令封锁学堂，『等候改制开学』。次年，江苏巡按使韩国钧咨请教育部『改两江优级师范为南京高等师范学校』，两江师范之使命至此告终。其后，南京高等师范学校先后改制、更名为国立东南大学、国立中央大学。一九四九年后更名为南京大学。

湖熟清真寺

湖熟清真寺位于南京市江宁区湖熟街道水北大街四十一号，距江宁区人民政府约二十公里。该寺是江宁地区回民进行教礼活动的主要场所。湖熟清真寺建寺已四百八十余年，与千年古镇湖熟之历史交相辉映。

元明以来，伊斯兰教成为回族全民信仰的宗教。明太祖朱元璋奉行优礼伊斯兰教和优待穆斯林的政策，外地大量回民人户迁居南京。据推算，洪武年间南京有回民穆斯林近十万人。湖熟镇即南京地区回民主要聚居地之一。

湖熟街道的回民，主要是明初定居南京的西域鲁密国（即小亚细亚的鲁姆苏丹国，在今土耳其境内）使团成员的后裔。其中的使节马白好五丁之七世孙马文泉，马古台之七世孙马近泰、马仪泰等宗支，在明嘉靖年间（一五二二——一五六六）入籍上元县，定居湖熟镇。其后又有顾、哈、金、仝、沈、杨等姓回民陆续迁入，湖熟之回民聚居渐成规模。嘉靖十六年（一五三七），迁居湖熟的回民在湖熟水北始建清真寺，作为礼拜、集会之场所。此后三百余年间，湖熟清真寺历经岁月洗礼，而代代修葺传承。

清末太平天国战争期间，湖熟遭遇兵祸，清真寺亦毁于战火。经过战后的生息繁衍，湖熟回民重建清真寺的宏愿日益迫切。清光绪二十二年（一八九六），由马成忠、马和卿、吴瑞成等人牵头重建事宜，于清真寺原址再造大殿。然而数年之后，主事三人相继逝世，『以致出纳款项无从稽核』，未能树立碑记以表彰捐资者之功德，工程遂陷入停顿，清真寺全貌仍待修补完备之机遇。

清末民初，湖熟清真寺陆续进行了多次增建或整修。清宣统二年（一九一〇），蒋秀冬发现该寺水井『尚付阙如』，于是出资凿井一方，深约五丈。次年，马丽生、沈鹤卿等又建瓦屋三间，左右两间分别为水房、寄宿之居舍，明间为客堂。湖熟清真寺『渐有可观』。民国八年（一九一九），常子飏、马寿亭、马成坤、马庆余、马殿卿等人召集信众，翻盖了大门三间、正厅五间、东道廊房二间。三年后又修造了甬道和前后台阶。为了筹募工程资金，常子飏、沈鹤卿奔赴南京城中及上海、杭州、扬州、句容等地，募集工程款项。至民国十五年（一九二六），湖熟清真寺之重建、扩建工程终告竣工。由沈柏鑫撰文、吴天祺题写的《重修湖熟清真寺碑记》至今立于寺内，记录了这段艰难而执着的往事。民国二十一年（一九三二）前后，清真寺内还设立了回民子弟小学（今湖熟小学前身）。湖熟清真寺能够相沿至今，不致荒废，有赖一代代的信众多年来持之以恒、苦心孤诣的捐资出力。

湖熟清真寺

一九四九年以后，湖熟清真寺又一次遭遇低迷期。一九五六年，回民小学迁出清真寺。一九六四年，大殿因年久失修而被拆除。十年浩劫中，清真寺内的房舍被工厂、供销社所占用，盛况不再。

改革开放后，湖熟清真寺得以再次复兴。一九七九年，政府开始对该寺进行维修。一九八四年，江宁县成立清真寺管理委员会，并拨专款进行修缮。至一九八八年，清真寺基本恢复旧貌。如今的湖熟清真寺，共有三进、三十二间房，面积二千多平方米。其中礼拜大殿为砖木结构，平面屋顶，面阔四十米，通进深六十四米，屋脊写有『开天古教』四个大金字，殿门上悬『真主独一』匾额，正对殿内的墙壁上刻有《古兰经》。殿内地面用方形青砖铺设，现又加装了木质地板，摆放着长条形拜垫，尤显整洁。寺内还有阿文藏经十一部，以供信众阅览。

历经五百载风霜，湖熟清真寺院内遗存的古旧文物颇多，如明代建寺时的户对、灵顺桥石构件、晚清石碑等。院内还有三棵两人合抱的银杏古树，为清末重建时栽种，枝叶繁茂。二〇〇六年，湖熟清真寺被列为南京市文物保护单位。

湖熟盐水鸭

链接：湖熟板鸭

湖熟古镇不仅历史悠久、人文鼎盛，其清真食品加工业同样名扬四海，其中以『白油板鸭』和『五香牛肉』最受青睐。一九四九年之前，回民经营着镇上十一家鸭子店。传统的湖熟板鸭，清脂而不腻，肉嫩味美，自清中期以来即是南京城内『鸭铺八大家』的主要货源，湖熟镇上之鸭店以马氏最著。在一九〇七年的南洋劝业会上，湖熟板鸭荣获一等奖，驰名中外。二〇〇八年，湖熟板鸭入选南京市首批非物质文化遗产名录。

伍 建筑名

河定桥

河定桥，位于南京市江宁区双龙大道之上，横跨秦淮新河，距江宁区人民政府二公里。该桥古为石板桥，二十世纪七十年代开挖秦淮新河，遂改今貌。

河定桥地区自古即为江宁交通枢纽之一。南宋端平二年（一二三五），禄口昝巷陶氏家族在此捐资建桥，初称『河亭桥』，传因桥在新亭乡沙河上，故名。当时的石桥，下开桥洞五券，桥墩下立巨石十二垛，顶端尖锐，用于分水。建桥的同时，还用木、石加固桥旁堤岸。桥成之后，如龙卧波，如虹饮水，大便行旅之客。明《正德江宁县志》记载：『河亭桥，在县东南二十五里，一名河定桥。』可知河定桥之名，至明中期之前已有，盖以『定』、『亭』谐音之故，又取安定之意。河定桥之名虽已出现，但在明代仍以河亭桥为正名，据《万历江宁县志》可知，明代曾在此设立『河亭桥铺』，为驿道之补给设施。清代以来，『河亭桥』之名渐隐不彰，唯『河定桥』沿用至今。清代曾在此设立『河定桥税口』，隶属龙江关管理。而历经五百年风雨，旧桥石材至清中期已『剥泐

河定桥旧影

殆尽』。清乾隆九年（一七四四），禄口陶氏家族的陶五聚、陶五齐兄弟倾己独资，再度修桥，新桥相较从前，更加宏敞便利。《光绪重修陶氏家谱》所载《重修河定桥记》一文，即详细记录了工程始末。

另外，对于河定桥的得名由来，民间还长期流传着秦文、秦武两兄弟化解干戈，建造『和事桥』的故事，见录于王崇辉、庞树根所编《江宁传说》（江苏人民出版社，二〇〇六年版）。故事虽系虚构，但显然是以陶氏兄弟重修河定桥的真实事迹为蓝本的，也为古桥增添了一分生动的人文意蕴。

民国时期，河定桥改为石墩木面公路桥。在民国二十六年（一九三九）的南京保卫战中，河定桥也曾作为中国军队在京郊外围的防御据点之一。一九六四年，旧河定桥再次改建。一九七八年，新河定桥开建，次年建成。大桥为钢筋混凝土结构，双曲拱三孔。长一百三十八点二米、高十二点二米，车行道宽九米、人行道各宽一点二五米，宁望（博望）、宁溧（溧水）等交通要道皆从此经过，桥名为著名书法家萧娴题写。到了一九八八年，为适应公路拓宽之需求，桥旁又增筑新桥，两桥合一，如同双虹凌跨，颇壮观瞻。

一九八四年，在南京新景评点征联活动中，秦淮新河上十座造型不一的大桥，被列为『金陵新四十景』之『十虹竞秀』，河定桥

今日河定桥

正是这『十虹』中的第一桥。二〇一〇年，南京地铁一号线南延线开通，设有河定桥站，这一古老的地名也随之为更多市民所熟知。

链接：『十虹竞秀』

秦淮新河初建成时，上有桥梁十座，从东向西分别为：河定桥、曹村桥、麻田桥、铁心桥、红庙桥、梅山桥、红梅桥、铁路桥、西善桥、格子桥。这十座新式桥梁，分别采用不同设计方案，被称为十姊妹桥，号曰『十虹竞秀』。在评比『金陵新四十景』时，曾有人为这十座新桥题写了一副对联：『一水旧秦淮，夜泊何须吟旧韵；十桥新建业，春游只合唱新诗。』

东善桥

东善桥，旧为桥名，后以东善桥镇为人熟知。今东善桥社区属南京市江宁区秣陵街道，位于江宁区人民政府以南约十一公里处，地处长深高速与宁宣高速交汇处附近。其便利的交通区位自古如此，故其聚落亦因桥梁而得名。

东善桥的修筑，与附近的牛首山有着紧密联系。唐代以来，牛首山牛头宗颇为盛行，香火鼎盛，牛首山一带也一度成为江南佛教中心之一，著名的南宗第一祖师法融禅师即得道于附近的祖堂山。南唐昇元元年（九三七），寺僧利用所得善款，在牛首山东、西两侧各建一桥。善男信女进山朝拜，自此更加便利。为纪念僧人善举，人们将此二桥分别称作『东善桥』、『西善桥』。东善桥的位置在今东善桥镇东南河上。历经千年沧桑，如今西善桥的桥面虽已改用钢筋水泥，但古代的石构桥墩仍在；东善桥的踪迹则已完全湮没不存，唯留其名以供后世追忆。

法融禅师

根据诸多出土墓志可知，东善桥所在地，六朝时属江宁县赖乡。自宋以来则属开元乡、长泰北乡。民国时设东善镇，一九五三年改为东善乡，一九五八年改为人民公社。一九八一年地名普查时，因『东善』与江宁『东山』音近，遂更名为东善桥乡，后又改镇。而乡镇政府驻地仍名东善村。二〇〇四年撤镇，改设东善桥街道，二〇〇六年并入谷里街道，二〇一四年调整隶属秣陵街道。

东善桥一带地处丘陵地区。秦汉时期，这里属于秣陵县近郊，已得到了初步开发。六朝以降，东善桥地区是南京南郊重要的墓葬区。中华人民共和国建国以来，曾多次发现孙吴至明清时期的历代墓葬。其中时间较早的是凤凰三年（二七四）东吴墓。该墓发现于一九九七年，位于一座土山顶部，地势颇高，为砖砌双室墓，全长六点六五米，墓中出土有造型精致复杂的堆塑罐。规模较大的墓葬则是一九八三年发现的东善桥砖瓦一厂南朝墓。该墓在砌筑过程中使用了人物造型的模印画像砖及大量花纹砖，墓主当为南朝高等级官吏。墓壁中嵌有带男侍形象的画像砖八块，男侍头戴高冠，脚穿船形靴，双手拱于胸前，面容清瘦端庄，神态逼真，为我们提供了难得一见的南朝真迹。另外，二十世纪七十年代东善桥地区还发现了一件残损严重的南朝神道柱，大体与江宁上坊耿岗村石柱相仿，形制较小，石榜上铭文漫漶无存，顶部缺失，墓主失考，亦当为王侯墓前之物，现藏于六朝博物馆中。

东善桥南朝神道柱

除了人文旧迹之外，东善桥地区峰峦环抱，古木参天，环境幽静。东善桥林场之前身在民国十六年（一九二七）便已创立。清『金

王以旂墓民国旧影

陵四十八景』中，『牛首烟岚』『祖堂振锡』『献花清兴』均距东善桥不远。境内除了国家级文保单位南唐二陵、省级文保单位弘觉寺塔外，还有岳飞抗金故垒、元代摩崖石刻、明代王以旂墓、沐英墓等一大批史迹。东善桥区域可谓并集山水人文之胜，见证了江宁多元的历史文化变迁。

链接：东善桥的『娘娘坟』

在东善桥前盛村，原有古墓群一处，民间称为『娘娘坟』。一九五七年，南京博物院清理了其中一座，确认其墓主为明代安成公主与驸马宋琥合葬墓。宋琥为明初名将西宁侯宋晟之子，宋氏家族深受明成祖朱棣器重，宋晟两子分别迎娶了朱棣的两位公主。在『娘娘坟』的发掘过程中，出土有各类明器四十余件，其中宣德年间的『岁寒三友』釉里红梅瓶尤为珍贵。一九九一年，在附近又发现了宋琥之子宋铉夫妇墓。

葛桥

葛桥，位于南京市江宁区方山东南，距江宁区人民政府约十二公里。葛桥既为桥名，也是附近自然村名。桥为小桥，村为小村，却有近两千载历史之渊源。相传汉末三国时，道教天师葛玄在方山修道，期间以化缘所得，于秦淮之上构建此桥，后人为纪念葛天师，遂名之曰葛桥。

葛玄（一六四—二四四），字孝先，祖籍琅琊（今山东省临沂市），后迁丹阳郡句容县，人称紫仙道士，是汉末孙吴时期著名的炼丹术士、道教灵宝派创始人。他自幼好学，博览五经，性喜老庄之学，慕神仙之术。东汉光和元年（一七八），葛玄入天台赤城山修炼，目睹山中空灵的景致，写下了《登天台山》一诗：『高高山上山，山中白云间。瀑布低头看，青天举手攀。

明朱之蕃编、陆寿柏绘《金陵四十景图像诗咏》之『天印樵歌』中，绘有『葛仙翁井』

石梁横海外，风笛落人间。不见红尘客，时时鹤往还。』入山后，葛玄师从著名方士左慈学道，得受《太清》《九鼎》《金液》等丹经，道术大进，遂遨游名山大川。据《三洞群仙录》《仙境宫观》《赤城志》等道书或史志记载，葛玄能服术、辟谷，通晓奇法。其道术传于郑隐，郑隐又传葛玄从孙葛洪。崇道者多尊称葛玄为『仙公』、『葛仙翁』，或称『太极仙公』。

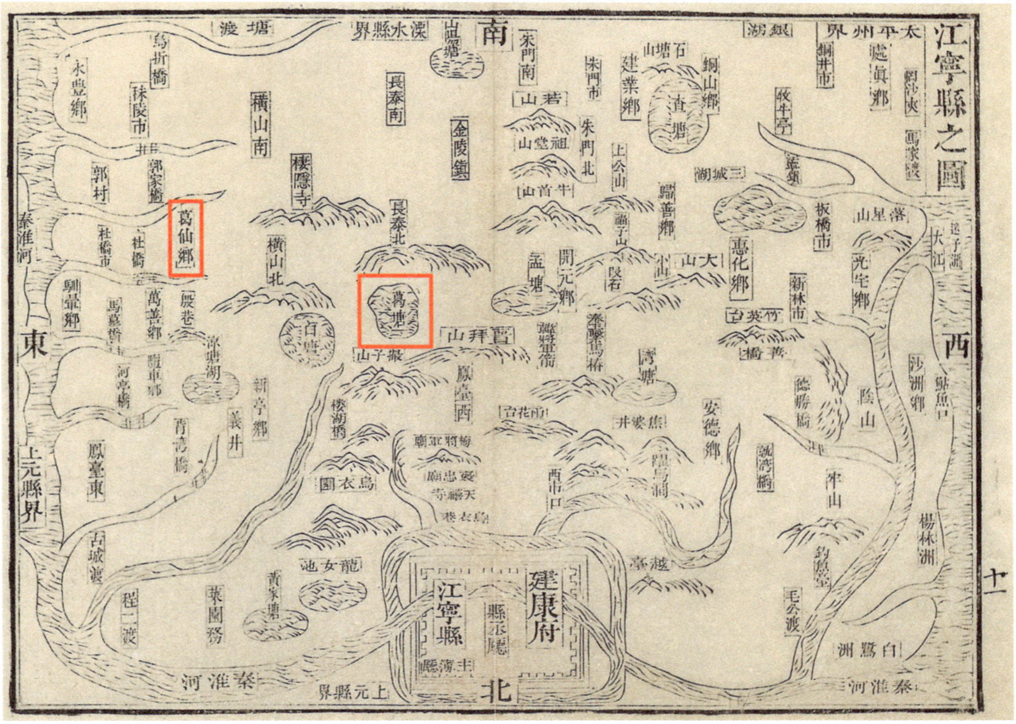

江宁旧时的葛仙乡、葛塘，皆得名于葛玄
（《景定建康志》之『江宁县之图』）

恰如明代顾起元所云：『金陵地胏，仙灵窟宅，岂独茅山而已。』除了葛桥之外，南京地区还有许多与葛玄相关的名胜及传说，多半皆在江宁境内。唐代《建康实录》记载，葛玄有仙术，吴大帝孙权时好道术，曾与葛玄交游。孙权对葛玄颇为敬重，赤乌二年（二三九）在方山为其建洞玄观。相传赤乌七年（二四四）八月十五日，葛玄在方山白日飞天，飞升处后称『葛仙台』。葛桥亦是葛玄于方山修道时留下的遗迹。至唐代，方山洞玄观仍存葛玄煮药铛及药臼。另外，南宋《景定建康志》记载，金陵城东南七十二里有葛塘湖，因传葛玄曾在此炼丹而得名。

葛桥地处方山埭附近，为旧时秦淮航运必经之处。刘宋元徽四年（四七六）七月，建平王刘景素举兵反于京口（今镇江），《南齐书·李安民传》载：『安民至京口，破景素军于葛桥。』关于此葛桥的位置，《景定建康志》《至正金陵新志》《嘉庆重修一统志》等均认为在金陵『上元县崇礼乡方山东南』，即为此桥。

葛桥历代曾迭加修造。至一九八〇年，为改善方山地区的交通，拆除旧桥，东移二百米重建了新桥，但仍然沿用『葛桥』之古名。如今随着城市化进程的加速，葛桥已由曾经的偏远乡村，变为紧邻江宁大学城、方山地质公园与方山艺术营的江宁近郊，相信在不远的将来，默默伫立千年的葛桥必将旧貌换新颜。

链接：梁·陶弘景《吴太极左仙公葛公碑》（节选）

仙公姓葛，讳玄，字孝先，丹阳句容都乡吉阳里人也。本属琅邪，后汉骠骑僮侯庐让国于弟，来居此土。……公幼负奇操，超绝伦党，神挺标峻，精辉卓逸，坟典不学而知，道术才闻已了，非复轨仪所范，思识所该，特以域之情理之外，置之言象之表而已。吴初，左元放自洛而来，授公白虎七变、炉火九丹，于是五通具足，化遁无方。孙权虽爱尝仙异，而内怀猜害，翻、琰之徒，皆被挫斥，敬惮仙公，动相咨禀。公驰涉川岳，龙虎卫从，长山盖竹，尤多去来，天台兰风，是焉游憩，特还京邑，视人如戏，诡谲倜傥，纵倒山河，虽投凫履坠，叱羊石起，蔑以加焉。于时有人，漂海随风，眇泲无垠，忽值神岛，见人授书一函，题曰寄葛公，令归吴达之。由是举代翕然，号为仙公。

四方井

四方井位于南京市江宁区麒麟街道窦村，在江宁区人民政府东北约十二公里处，始建年代不详。据当地传说，四方井开挖的历史可追溯到南朝。后经考古人员确认，此井井壁使用的砖块确实来自南朝梁代。该井与常见的圆井、六角井不同，四四方方，故名四方井。

四方井共由五口井组成，主井约一点二米见方，深三米，周围以青石围成，不设井栏。井水清爽甘甜，冬暖夏凉，大旱不涸。不远处另有四口状如水塘的方井，最大的一口有四十平方米，最小的十七平方米。它们分别有各自的功能：四方井主井是饮水用井，余下的四口水塘分别为洗菜、洗衣、洗便桶及污物用井。

俯瞰四方井

四方井巧妙的水系设计令人啧啧称道。由青龙山上流下的水以及地下水，汇流至四方井中。这五口井水脉相连，又有一定的落差，其中饮用水井的水位最高，洗菜水井次之，洗衣、洗便桶及污物的水井水位最低。因而水的流向是：四方井→洗菜池→洗衣池→洗污池→排水沟。井中之水依次经过水塘和排水沟，最终直通村外秦淮河中。整个水系设计精巧，通过增加水的使用流线，达到重复利用的功效，展现了窦村先民们杰出的智慧。四方井现已列为南京市文物保护单位。

在二十世纪九十年代以前，四方井是窦村唯一的水源，吸取大地的甘露，滋养一方生灵。以前无论发生多大的旱情，四方井从没干枯过。近年来，随着城市空间的快速扩张和对土地、矿产等资源的不断取用，窦村的乡土自然环境也受到一定的破坏。青龙山一带采石开矿，森林大面积被砍伐，导致水土流失严重。加之周边一些单位挖凿深井，大量取水，地下水位也不断下降。原本四季水量充沛的四方井，竟然也不断出现了枯水乃至断水的状况，二〇一一年时甚至干枯达半年之久。人类应当如何面对自然的馈赠与惩罚？这不得不引起我们的关注与深思。

四方古井

历经千百年时光的四方井，曾是窦村最热闹的地方，见证了村民的悲欢离合、生活百态。妇女们来此洗衣、淘米、洗菜、聊家常；孩子们则围在水井边嬉笑玩耍，其乐融融。作为农业时代遗留下来的『活古董』，它已经超越了人工水源的本意，承载着街坊人情的温度。从精神层面来看，四方井对于现代人而言极具保留价值。井边的悠悠岁月，象征着一种慢生活的姿态，代表着一种悠闲自得的市井生活方式。四方井作为一种农耕文明下田园生活的意象，如同醇酒一般，悠远而绵长。

链接：南京最大的古井——仓顶大井

金陵内外，旧时人烟辐辏，水井众多。南京现存最大的古井在今秦淮区凤台岗集庆路旁，名曰『仓顶大井』，因明代骁骑卫屯粮之所的骁骑仓而得名。该井自元代始建，明《金陵琐事》云：『骁骑卫仓乃瓦官寺基，中有一井，与江河通，大旱不竭，井中四方有铁金刚托之』，即指此处。明《正德江宁县志》称其为保宁古井。该井原先规模巨大，据清《白下琐言》记述，井上狭下广，井周壁如城墙，内可容纳数十人。如今之井栏呈六角形，高五十五厘米，井口直径五十厘米，基座一米有余。

参考文献

【西晋】陈寿：《三国志》，中华书局，一九五九年

【东晋】干宝、【南朝宋】陶潜撰，李剑国辑校：《新辑搜神记·新辑搜神后记》，中华书局，二〇〇七年

【南朝宋】范晔：《后汉书》，中华书局，一九六五年

【南朝宋】刘义庆撰，徐震堮校笺：《世说新语校笺》，中华书局，一九八四年

【南朝陈】顾野王撰，顾恒一、顾德明、顾久雄辑注：《舆地志辑注》，上海古籍出版社，二〇一一年

【梁】沈约：《宋书》，中华书局，一九七四年

【梁】萧子显：《南齐书》，中华书局，一九七二年

【唐】房玄龄等：《晋书》，中华书局，一九七四年

【唐】姚思廉：《梁书》，中华书局，一九七三年

【唐】姚思廉：《陈书》，中华书局，一九七二年

【唐】李延寿：《南史》，中华书局，一九七五年

【唐】许嵩：《建康实录》，中华书局，一九八六年

【唐】李吉甫：《元和郡县图志》，中华书局，一九八三年

【北宋】李昉：《太平广记》，中华书局，一九六一年

【北宋】乐史：《太平寰宇记》，中华书局，二〇〇七年

【北宋】王存：《元丰九域志》，中华书局，一九八四年

【北宋】欧阳修、宋祁：《新唐书》，中华书局，一九七五年

【北宋】马令、【南宋】陆游：《南唐书（两种）》，南京出版社，二〇一〇年

【南宋】张敦颐：《六朝事迹编类》，中华书局，二〇一二年

【南宋】周应合：《景定建康志》，南京出版社，二〇〇九年

【元】张铉：《至正金陵新志》，南京出版社，一九九一年

【明】陈沂：《金陵古今图考》，南京出版社，二〇〇六年

【明】顾起元：《客座赘语》，中华书局，一九八七年

【明】刘雨：《正德江宁县志》，明正德十四年（一五一九）刊本

【明】雷礼：《南京太仆寺志》，南京出版社，二〇一六年

【明】李登：《万历上元县志》，明万历二十五年（一五九七）刊本

【明】李登：《万历江宁县志》，明万历二十六年（一五九八）刊本

【明】陈沂、【明】孙应岳、【清】余宾硕：《金陵世纪·金陵选胜·金陵览古》，南京出版社，二〇〇九年

【明】葛寅亮：《金陵梵刹志》，天津人民出版社，二〇〇七年

【明】葛寅亮：《金陵玄观志》，南京出版社，二〇一一年

【明】周晖：《金陵琐事·续金陵琐事·二续金陵琐事》，南京出版社，二〇〇七年

【明】朱之蕃编，【明】陆寿柏绘：《金陵四十景图像诗咏》，南京出版社，二〇一二年

【清】戴本孝：《康熙江宁县志》，清康熙二十二年（一六八三）刊本
【清】唐开陶：《康熙上元县志》，清康熙六十年（一七二一）刊本
【清】黄之隽：《乾隆江南通志》，广陵书社，二〇一〇年
【清】永瑢：《四库全书总目》，中华书局，一九六五年
【清】吴敬梓：《儒林外史》，人民文学出版社，一九五八年
【清】甘熙：《白下琐言》，南京出版社，二〇〇七年
【清】袁枚：《小仓山房诗文集》，上海古籍出版社，一九八八年
【清】汪士铎：《同治上江两县志》，江苏古籍出版社，一九九一年
【清】陈作霖：《金陵通传》，清光绪三十年（一九〇四）刊本
【清】陈作霖：《金陵物产风土志》，广陵书社，二〇〇三年
【民国】夏仁虎：《秦淮志》，南京出版社，二〇〇六年
【民国】朱偰：《金陵古迹图考》，中华书局，二〇一五年
【民国】朱偰：《金陵古迹名胜影集》，中华书局，二〇一五年
【民国】朱偰：《建康兰陵六朝陵墓图考》，中华书局，二〇一五年
【民国】卢前：《冶城话旧·东山琐缀》，南京出版社，二〇一六年
南京市地名委员会：《江苏省南京市地名录》，一九八四年
江宁县地名委员会：《江苏省江宁县地名录》，一九八四年
江宁县地方志编纂委员会：《江宁县志》，档案出版社，一九八九年
季士家，韩品峥：《金陵胜迹大全》，南京出版社，一九九三年
南京市地方志编纂委员会：《南京建置志》，海天出版社，一九九四年

南京市地方志编纂委员会、南京文物志编纂委员会：《南京文物志》，方志出版社，一九九七年

梁白泉：《南京的六朝石刻》，南京出版社，一九九八年

胡阿祥：《伟哉斯名——『中国』古今称谓研究》，湖北教育出版社，二〇〇〇年

卢海鸣：《六朝都城》，南京出版社，二〇〇二年

郑乐干、庞树根：《江宁文物》，江苏人民出版社，二〇〇六年

中国人民政治协商会议南京市江宁区委员会：《江宁历史文化大观》，南京出版社，二〇〇八年

国家文物局：《中国文物地图集·江苏省分册》，中国地图出版社，二〇〇八年

毕书宏：《江宁区地名志》，江苏人民出版社，二〇〇九年

南京地名大全编委会：《南京地名大全》，南京出版社，二〇一二年

南京市博物馆：《南京考古资料汇编》，凤凰出版社，二〇一三年

胡阿祥、孔祥军、徐成：《中国行政区划通史·三国两晋南朝卷》，复旦大学出版社，二〇一四年

南京市江宁区地方志编纂委员会：《江宁区志》，方志出版社，二〇一四年

邢定康、黄震方：《美丽江宁》丛书，江苏凤凰科学技术出版社，二〇一四年

南京市江宁区政协教卫文体和文史委：《江宁春秋·15》，南京出版社，二〇一六年

南京市江宁区政协教卫文体和文史委：《江宁春秋·16》，南京出版社，二〇一七年

胡阿祥、范毅军、陈刚：《南京古旧地图集》，凤凰出版社，二〇一七年

后记

经过近一年的辛勤耕耘，《印记·江宁非遗地名》一书终于要面世了。本书是在『江宁老地名』申报江宁区非物质文化遗产项目的过程中，为进一步宣传江宁老地名，弘扬江宁地名文化所做的创新和尝试，希望能对推动江宁地名文化遗产保护工作起到促进作用。

本书包含五十条江宁非遗地名释文，相关的典故、诗词、民俗、传说等链接文字和表格，古旧地图、书影、文物、物产等图片，地理实体的新旧照片等，以独特的区别性、相对的稳定性、鲜明的民族性、复杂的政治性、严谨的科学性、形象的历史性、明显的方言性、特别的区域性和广泛的社会性，全面、系统、深入地介绍了『江宁老地名』。如东山彰显着谢安的功绩，乃至华夏民族的坚守；业村传承着邺侯李泌的遗德，乃至传统社会的追求；秣陵往昔的繁盛，见证了六朝金粉及其兴衰起落；坟头村的名字，写照了专制帝王的残酷与黎民百姓的艰辛；杨柳村的田园风光，与其环境之纯美相得益彰；牛首山的梵音、祖堂山的塔影，曾经的辉煌如在眼前；秦淮河的沃壤、大世凹的农家乐、湖熟的板鸭、横溪的西瓜，养育着一方百姓；七仙山的传说、方山的神奇、汤山温泉的蒸腾、阳山碑材的巨构，吸引着八方来客；初宁陵、万安陵的沧桑，郑和墓、李瑞清墓的昭示，令人深思流连……

本书在编印过程中，得到江宁区政府和区民政、财政、文广及其他区地名委成员单位的关心支持。区政府高度重视地名文化遗产保护工作，作出了保护弘扬地名文化的具体要求；在书稿编撰和装帧设计方案上，区民政局多次研究，关心编印进度，解决有关问题；区财政局及时拨付经费，保障了书稿的顺利编印；『江宁老地名』申报区级非物质文化遗产工作得到区文广局的大力支持，使得编印工作能够顺利开展。

本书系江宁区民政局与南京大学历史学院、江苏省六朝史研究会合作研究项目，由南京大学历史学院副院长、江苏省六朝史研究会会长胡阿祥教授、南京大学历史学院段彬博士及本人共同编撰，江宁区地名办负责有关编印事务。南京市行政区划地名协会专家组薛光组长细阅了全稿，提出了一些明确的修改意见。中国书法家协会会员、江宁区书法家协会主席赵洪军先生题写了书名。特别感谢中国地名学会副会长、南京市行政区划与地名协会会长雍玉国先生，充分肯定了本书的意义和学术价值，欣然作序。最后要感谢南京大学出版社黄继东编辑，黄编辑认真负责、细致严谨的工作，保证了本书的顺利出版。

党的十九大要求：『推动中华优秀传统文化创造性转化、创新性发展』；『深入挖掘中华优秀传统文化蕴含的思想观念、人文精神、道德规范，结合时代要求继承创新，让中华文化展现出永久魅力和时代风采』，这为江宁今后开展地名文化遗产保护、弘扬优秀地名文化指明了方向。区地名主管部门将以习近平新时代中国特色社会主义思想为指引，砥砺前行，开拓创新，继续扎实做好地名文化遗产保护的各项工作。

由于部分江宁老地名历史久远，资料搜集和考证任务极为繁重，加之编撰者能力有限，难免会有错讹和疏漏，敬请专家、读者批评指正！

吕凡

二〇一七年十二月二十八日

图书在版编目(CIP)数据

印记：江宁非遗地名 / 胡阿祥，吕凡，段彬编著
. -- 南京：南京大学出版社，2019.3
ISBN 978-7-305-20596-5

Ⅰ. ①印… Ⅱ. ①胡… ②吕… ③段… Ⅲ. ①地名－文化－江宁区 Ⅳ. ①K925.34

中国版本图书馆CIP数据核字(2018)第164371号

出版发行 南京大学出版社
社　　址 南京市汉口路22号　　邮编 210093
出 版 人 金鑫荣

书　　名 **印记·江宁非遗地名**
编　　著 胡阿祥　吕凡　段彬
责任编辑 黄继东　　编辑热线 025-83597141

照　　排 南京紫藤制版印务中心
印　　刷 南京爱德印刷有限公司
开　　本 880×1092　1/16　印张 14.25　字数 100千
版　　次 2019年3月第1版　2019年3月第1次印刷
ISBN 978-7-305-20596-5
定　　价 168.00元

网　　址 http://www.NjupCo.com
新浪微博 http://e.weibo.com/njuyzxz
官方微信号 njupress
销售咨询热线 025-83594756
